तांडव

कालसर्प योग का
वैज्ञानिक व वैदिक खंडन

लेखक
पं. राजेश तिवारी

डायमंड बुक्स

ISBN : 81-288-1178-9

प्रकाशक	: **डायमंड पॉकेट बुक्स (प्रा.) लि.** X-30, ओखला इंडस्ट्रियल एरिया, फेज-II नई दिल्ली-110020
फोन	: 011-51611861
फैक्स	: 011-51611866
ई-मेल	: sales@diamondpublication.com
वेबसाइट	: www.diamondpocketbooks.com
संस्करण	: 2005
मूल्य	: 75 रुपये
टाइपसैटिंग	: प्रवीण कुमार
प्रिंटर्स	: आदर्श प्रिंटर्स, शाहदरा दिल्ली-32

Tandav : Kalsharp Yog Ka Vaijyanic Va Vaidic Khandan
by Pt. Rajesh Tiwari **Rs. 75/-**

गणपति वंदना

नमस्ते गणनाथाय गणानां पतये नमः।
भक्ति प्रियाय देवेश भक्तेभ्यः सुखदायकः॥
स्वानन्द वासिने तुभ्यं सिद्धिबुद्धिवराय च।
नाभिशेषाय देवाय ढुंढिराजाय ते नमः॥
वरदाभयहस्ताय नमः परशुधारिणे।
नमस्ते सृणिहस्ताय नाभिशेषाय ते नमः॥
अनामयाय सर्वाय सर्वपूज्याय ते नमः।
सगुणाय नमस्तुभ्यं ब्रह्मणे निर्गुणाय च॥
ब्रह्मभ्यो ब्रह्मदात्रे च गजानन नमोऽस्तुते।
आदि पूज्याय ज्येष्ठाय ज्येष्ठराज्याय ते नमः॥
मात्रे पित्रे च सर्वेषां हेरम्बाय नमो नमः।
अनादये च विघ्नेश विघ्नकर्त्रे नमो नमः॥
विघ्नहर्त्रे स्वभक्तानां लम्बोदर नमोऽस्तुते।
त्वदीय भक्तियोगेन योगीशाः शान्तिमागताः॥
किं स्तुवो योगरूपं तं प्रणमावश्च विघ्नपम्।
तेनतुष्टो भव स्वामिन्नित्युक्त्वा तं प्रणेमतुः॥

भावार्थ : श्री शक्ति और शिव जी बोले–भक्तों को सुख प्रदान करने वाले देवेश्वर! आप भक्ति प्रिय, गणों के अधिपति हैं, आप गणनाथ को नमस्कार है। आप "स्वानंदलोक" के वासी और सिद्धि-बुद्धि के प्राणवल्लभ हैं। आपकी नाभि में भूषण रूप में शेषनाग विराजते हैं, आप दुण्ढिराज देव को नमस्कार है। आपके हाथों में वरद और अभय की मुद्राएं हैं। आप परशु धारण करते हैं। आपके हाथों में अंकुश शोभा पाता है और नाभि में नागराज, आपको नमस्कार है। आप रोगरहित, सर्वस्वरूप और सबके पूजनीय हैं, आपको नमस्कार है। आप ही सगुण और निर्गुण ब्रह्म हैं, आपको नमस्कार है। आप ब्राह्मणों को ब्रह्म का तत्त्व ज्ञान देते हैं, गजानन! आपको नमस्कार है। आप प्रथम पूजनीय ज्येष्ठ और ज्येष्ठराज हैं, आपको नमस्कार है। सभी के माता-पिता, आप हेरम्ब को बारबार नमस्कार है। विघ्नेश्वर! आप अनादि और विघ्नों के भी जनक हैं, आप को बारंबार नमस्कार है। लम्बोदर! आप अपने भक्तों का विघ्न हरण करने वाले हैं, आपको नमस्कार है। योगीश्वरगण आपके भक्तियोग से शांति को प्राप्त हुए हैं। योग स्वरूप आपकी हम दोनों क्या स्तुति करें। आप विघ्नराज को हम दोनों प्रणाम करते हैं। स्वामिन! इस प्रणाम मात्र से आप संतुष्ट हों।

समर्पण

यह पुस्तक मैं अपने परम पूज्य पिता
श्री गजेन्द्र प्रसाद त्रिपाठी के
श्री चरणों में समर्पित करता हूं,
जिनके आशीर्वाद से मैं
यह पुस्तक आप तक
पहुंचाने में समर्थ
हो पाया हूं।

– पं. राजेश तिवारी

सारांश

ज्योतिष विज्ञान, जीवन के प्रत्येक मोड़ पर दीपक जैसा कार्य करता है, यह पूर्णत: पथ प्रदर्शक है। इस शास्त्र द्वारा न केवल हम अपने भूत, वर्तमान व भविष्य की जानकारी प्राप्त कर सकते हैं, वरन पूर्णत: मानव जीवन के उद्देश्य को भी प्राप्त कर सकते हैं।

परंतु दुर्भाग्य यह है कि कुछ स्वार्थी तत्त्व, श्रद्धावान भारतीय लोगों की पवित्र भावनाओं में बैठी ज्योतिष विज्ञान के प्रति अगाध आस्था को कमजोरी समझकर और अपनी मनगढ़ंत विचारों को जोड़कर इस विज्ञान को खुल्लम-खुल्ला बाजारू बनाकर बेच रहे हैं। उन्हें मात्र धनार्जन की चिंता है, वे किसी भी प्रकार अपना उल्लू सीधा करने में लगे हैं। इसके लिए वे समाज में नाना प्रकार की भ्रांतियां फैला रहे हैं। इन भ्रांतियों में सर्वोपरि है–'कालसर्प योग'। यह ऐसा योग प्रचारित किया जा रहा है जो पूर्णत: आधारविहीन, अवैज्ञानिक व शास्त्रविरुद्ध है तथा इस कालसर्प के नाम पर पूजा, कवच, यंत्र, लॉकेट आदि के रूप में करोड़ों का व्यापार, किया जा रहा है।

इस पुस्तक के माध्यम से मैंने आपके सामने कालसर्प योग की भ्रांति को समाप्त करने का प्रयास किया है। मुझे पूर्ण विश्वास है कि आप सभी पाठकों को पुस्तक ज्ञानवर्धक लगेगी व इस भ्रांति को समाप्त करने में पूर्णत: सहायक होगी।

– लेखक

लेखक परिचय

ज्योतिष शास्त्र का उद्देश्य मात्र भविष्यवाणी करना नहीं है अपितु इस शास्त्र द्वारा व्यक्ति अपनी शारीरिक, मानसिक व आध्यात्मिक स्तर को ऊंचा उठाकर पूर्णता प्राप्त कर सकता है। परंतु दुर्भाग्य यह है कि इसका उद्देश्य मात्र भविष्यवाणी तक ही सीमित रह गया है। ज्योतिष के मूल उद्देश्य का प्रसार करने वाले ज्योतिषी लगभग समाप्त हो चुके हैं। ज्योतिषियों की बढ़ती संख्या का आलम यह है कि हर गली में आपको बड़ा-बड़ा बोर्ड लगाए तथाकथित ज्योतिषी अवश्य मिल जाएंगे। इन्हीं ज्योतिषियों के कारण आज लोगों के बीच ज्योतिष व ज्योतिषियों की श्रद्धा समाप्त होती जा रही है। सस्ती लोकप्रियता के लिए, ये कुछ भी करने को तैयार हैं। कोई यंत्र, कवच, लॉकेट का व्यापार करता है, कोई कंप्यूटर से कुंडली बनाने का व्यापार, कोई पूजा का व्यापार तो कोई वास्तुशास्त्र का व्यापार आदि। इन्हीं गिरते चरित्र व धनलोलुपता के कारण इनकी भविष्यवाणियां भी सत्य से परे हो रही हैं। आपको याद होगा चौदहवीं लोक सभा चुनाव में किस तरह इनकी भविष्यवाणियां निरर्थक साबित हुईं। इन ज्योतिषीगणों ने ज्योतिष को सत्यता व वैज्ञानिकता को समाप्त करने का पूरा प्रयास किया था, परंतु ईश्वर द्वारा प्रदत्त विज्ञान को मर्यादा व सत्यता को जीवंत रखने का कार्य किया–पंडित राजेश तिवारी ने। धनलोलुपता ज्योतिष व्यापार से दूर उत्तर प्रदेश के गोरखपुर जनपद से उत्तर सनौली कस्बे के ग्राम फरेन्दी (तिवारी) में जन्म लेने वाले पंडित राजेश तिवारी जो वर्तमान में सिविल इंजीनियर के पद पर कार्यरत हैं, ने चौदहवीं लोकसभा चुनाव की सत्य भविष्यवाणी कर ज्योतिष की मर्यादा को बचाए रखा, जिसके परिणामस्वरूप भारत के प्रमुख समाचार पत्रों, जैसे–हिन्दुस्तान टाइम्स, दैनिक जागरण, आज,

हिन्दुस्तान आदि ने भविष्यवाणी प्रकाशित कर श्री तिवारी जी को सम्मानित किया। इसके अलावा 'आउटलुक', 'प्रथम प्रवक्ता' जैसी पत्रिकाओं ने श्री तिवारी जी की सत्य भविष्यवाणियों को संपूर्ण राष्ट्र में प्रचारित कर श्री तिवारी को धन्यवाद दिया।

श्री तिवारी जी वर्तमान में *फ्यूचर एनालिसिस* नामक ज्योतिष पत्रिका के संपादन कार्य के अलावा एस्ट्रो डेवलपमेंट एंड एस्ट्रोमेडिकल रिसर्च सेंटर, गोरखपुर में अनुसंधान का कार्य करते हैं। अभी तक तिवारी जी के सैकड़ों लेख प्रकाशित हो चुके हैं तथा इनकी लिखी कई पुस्तकें जैसे–*फेंगशुई का ज़हरवाद, क्या है विज्ञान वास्तुशास्त्र का, ज्योतिष और हृदयाघात, ज्योतिष–शिक्षा की दशा* आदि प्रकाशनार्थ हैं। श्री तिवारी ने आकाशवाणी, दूरदर्शन, समाचार पत्र, पत्रिकाओं आदि के माध्यम से लोगों के बीच चेतना जगाने का प्रयास किया है और सतत प्रयत्नशील हैं।

बहुआयामी व्यक्तित्व वाले श्री तिवारी जी आजकल विभिन्न असाध्य रोगों को ज्योतिष से समाप्त करने की दिशा में कार्य कर रहे हैं साथ ही साथ ज्योतिष की भ्रांतियों व इसके मूल उद्देश्य को जन–जन तक पहुंचाने में अपना संपूर्ण समय दे रहे हैं। श्री तिवारी, ज्योतिष शास्त्र को पूर्ण वैज्ञानिक ढंग से लोगों के बीच लाने का कठिन कार्य करने की दिशा में तत्पर व सतत प्रयासरत हैं। श्री तिवारी जी की अनुसंधानपूर्ण लेखनी का सफल प्रयास का रूप है यह पुस्तक। यह निश्चय ही आपको ज्ञानपूर्ण लगेगी।

–प्रकाशक

एक दृष्टि

वेदचक्षु किल्तेवस्मृतं ज्योतिषं मुख्यताचांगमध्येस्य तेनोच्यते।
संयुक्तोपितरैः कर्णनासादिझच्क्षुषार्गेन हीनो न किंचित्कारः॥

वेद पुरुष का नेत्र होने के कारण ज्योतिषशास्त्र सब अंगों में उत्तम गिना जाता है, क्योंकि सब अंगों से समन्वित भी प्राणी नेत्र रहित होने पर कुछ भी नहीं कर सकता। उपरोक्त पंक्तियों से अधिक, ज्योतिष विज्ञान की महत्ता, सत्यता व उपयोगिता के बारे में लिखना, निश्चय ही असंभव है। परंतु यह अत्यंत ही दुर्भाग्य का विषय है कि आजकल लोगों का इस विषय के प्रति आस्था का गला, सरे बाजार घोटा जा रहा है। जनमानस के भीतर भय पैदा कर, धनार्जन हेतु ऐसे-ऐसे योगों का वर्णन किया जा रहा है, जिसका न कोई वैदिक प्रमाण है और न ही वैज्ञानिक। इन्हीं कर्मों के कारण आज ज्योतिषी विवादास्पद होता जा रहा है और ज्योतिषी की मर्यादा लगातार गिरती जा रही है। आम जनमानस के अंदर की श्रद्धा भी इन्हीं कुकर्मों के कारण गिरती जा रही है। वैसे तो आजकल तथा-कथित ज्योतिषियों द्वारा कई प्रकार की भ्रान्तियां फैलाई जा रही हैं, परंतु इनमें से सर्वाधिक चर्चित विषय है–**'कालसर्प योग'**। इस योग के विषय में, ज्योतिष के मूल 18 प्रणेताओं, जैसे–सूर्य, पितामह, व्यास, वसिष्ठ, अत्रि, पराशर, कश्यप, नारद, गर्ग, मरीचि, मनु, अंगिरा, लोमश, पुलिश, च्यवन, धवन, भृगु एवं शौनक ने इस योग के विषय में कोई उल्लेख नहीं किया, न ही आधुनिक समय के विद्वान ज्योतिषी डॉ. रमन, जिन्होंने ग्रहों के योग के ऊपर एक पुस्तक लिखी, जो 'Three Hundred Important Combination' तीन सौ महत्त्वपूर्ण योग, ने ही इसका वर्णन किया। परंतु आजकल लगभग सभी ज्योतिषी

लगभग प्रत्येक जातक के जन्मांग में पूर्ण या आंशिक कालसर्प योग अवश्य बता रहे हैं। यहां सर्वाधिक विचारणीय बात यह है कि आखिर ज्योतिष के मूल प्रणेताओं ने इसका उल्लेख क्यों नहीं किया? क्या! यह मांन लिया जाए कि उन्होंने इस योग के विषय में वर्णन करना उचित नहीं समझा या यह मान लिया जाए कि उन्हें यह योग दिखाई नहीं दिया? या यह माना जाए कि मनीषियों ने राहु-केतु से संबंधित प्रत्येक योग का वर्णन करने के बाद इसे प्रासंगिक नहीं पाया या यह माना जाए कि इस प्रकार का कोई योग होता ही नहीं। इसलिए मुख्य प्रवर्तकों से लेकर डॉ. बी.वी. रमन तक ने इसका कोई उल्लेख नहीं किया। यदि हम निष्पक्ष होकर इसकी विवेचना करें तो दो तथ्य सामने आते हैं–प्रथम यह कि मुख्य प्रणेताओं ने राहु-केतु से संबंधित प्रत्येक योग का वर्णन करने के बाद इसकी आवश्यकता नहीं समझी हो या प्रत्येक प्रणेताओं से यह योग छुटता गया, दूसरा तथ्य यह हो सकता है कि महर्षियों के अनुरूप ही ज्योतिष का ज्ञान रखने वाले किसी आज के ज्योतिषी का कोई नवीन अनुसंधान हो यह कालसर्प योग!

यदि प्रथम तथ्य की विवेचना करें तो स्पष्ट होता है कि इन्हीं मूल प्रणेताओं ने ही अपने दिव्य नेत्र व योग बल से राहु-केतु के अस्तित्व से लेकर प्रत्येक प्रभाव का वर्णन किया, जो आज के वैज्ञानिक युग में भी सत्य पाया जाता है। उदाहरणार्थ–इन्हीं महर्षियों ने ही सर्वप्रथम यह बताया कि राहु-केतु तो ग्रह नहीं अपितु छाया ग्रह हैं जो सूर्य पथ तथा चंद्र मार्ग के कटान के कारण बनते हैं, जो आज के खगोलशास्त्र के अनुसार भी सौ फीसदी सही है। अत: इतने दिव्यज्ञान व पराज्ञान रखने वाले सभी नेत्रों से इतना बड़ा योग कैसे छूट गया? जो आज के सभी ज्योतिषीगण के नेत्र में जन्मांग खोलते ही नजर आ जाता है। निश्चय ही कोई न कोई अति गंभीर विषय है जो विचारणीय अवश्य है–इस पर हम आगे विस्तार से अगले अध्यायों में चर्चा करेंगे।

यदि दूसरे कारण पर विचार करें कि शायद प्रणेताओं के तुल्य ही ज्ञान रखने वाले ज्योतिषीगण हों, जिन्होंने इसका अनुसंधान किया हो तो अनायास ही मन में आता है कि आखिर ये दिव्यज्ञानी कौन हैं? और उनके अनुसंधान का आधार क्या है? इस तथ्य का उत्तर बहुत आसान

है–कालसर्प योग की खोज या अनुसंधान करने वाले आजकल के वे प्रसिद्ध ज्योतिषीगण हैं जिनके पास विश्व की समस्त समस्या का समाधान करने वाले शस्त्र हैं। इनके पास प्रत्येक परेशानी, कष्ट, दुर्भाग्य आदि को समाप्त करने वाले अचूक उपाय हैं; जैसे-कालसर्प दोषहारी यंत्र, सर्वमनोकामना पूर्ति यंत्र, महामृत्युंजय कवच, कालजयी कवच, वशीकरण यंत्र, श्रीयंत्र, लक्ष्मी यंत्र, नौ ग्रह शांति यंत्र, वास्तु दोष निवारण यंत्र, रोजगार प्राप्ति यंत्र, सम्मोहन कवच, दुर्गा यंत्र, शिव यंत्र, विष्णु यंत्र, कुबेर यंत्र, धन-वृद्धि कवच, आरोग्य कवच, शत्रुनाशक यंत्र, सूर्य, चंद्र, मंगल, राहु, बृहस्पति, शनि, बुध, केतु, शुक्र के यंत्र, कवच, हृदयाघात नाशक यंत्र, चर्मरोग नाशक यंत्र, ब्लडप्रेशर कवच आदि कवच, यंत्र और लॉकेट।

संपूर्ण जगत को चलाने वाले प्रभु भी व्यक्ति विशेष को कर्मानुरूप ही प्रारब्ध प्रदान करते हैं, प्रभु भी सभी लोगों की सभी समस्या का लॉकेट, यंत्र, कवच द्वारा समापन करने का दावा नहीं करते हैं। न ही आपने कभी यह सुना होगा कि हमारे ब्रह्मर्षियों ने सबकी सब प्रकार की समस्या को समाप्त करने का दावा किया हो, या कभी प्रभु से लेकर ऋषियों तक ने इस प्रकार का कोई उदाहरण प्रस्तुत किया हो। ये कालसर्प योग का अनुसंधान करने वाले ज्योतिषीगण अपने को ईश्वर से भी अधिक शक्तिशाली व सामर्थ्यवान मानने लगे हैं। इनके दिव्यज्ञान का मैं एक और उदाहरण देता हूं–यह ज्योतिष विज्ञान के लिए काला इतिहास है। वह है–"चौदहवीं लोक सभा चुनाव के परिणाम की भविष्यवाणी।" भिन्न-भिन्न समाचार पत्र, पत्रिकाओं में लिखने वाले तथा टी.वी. चैनलों पर सूर्य की तरह अपने ज्ञान को प्रकाशित करने वाले लगभग सभी ज्योतिषीगण ने "अटल बिहारी वाजपेयी" के पुनः प्रधानमंत्री होने की घोषण कर दी, कुछ ने समाचारपत्रों, पत्रिकाओं में अपनी भविष्यवाणी प्रकाशित कराई, कुछ ने विभिन्न टी.वी. चैनलों पर बकायदा अपने दिव्य ज्योतिष ज्ञान के तर्क के साथ अटल जी को पुनः प्रधानमंत्री बनाया। कुछ ने अपना टैरोकार्ड फेंककर स्पष्ट घोषणा कर दी कि प्रधानमंत्री अटल बिहारी वाजपेयी ही होंगे। परंतु परिणाम आने के बाद इनके दिव्यज्ञान का रहस्य दुनिया के सामने आ गया और चंद दिनों

तक ये शांत रहे, परंतु इन दिव्यज्ञानियों को यहां भी शर्म नहीं आई और चंद दिनों बाद ही ये कुकुरमुत्ते की तरह सामने आ गए, कुछ ने अपना विज्ञापन कराऊ और धन ऊगाऊ चैनल पकड़ लिया और कुछ ने अपना कंप्यूटर ज्योतिष, यंत्र, कवच, लॉकेट, रत्न का धंधा। इसी में एक अतिमहान ज्योतिषी जी ने पुनः भविष्यवाणी की– 26.09.04 के पूर्व केंद्र में कांग्रेस शासित सरकार गिर जाएगी और मुलायम सिंह यादव प्रधानमंत्री हो जाएंगे। (इसे आप 'माया' पत्रिका के 22 अक्तूबर 04 के अंक में पढ़ सकते हैं।)

इस भविष्यवाणी का परिणाम भी वही हुआ और पुनः दिव्यज्ञानी ज्योतिषी जी ने इस विज्ञान की मर्यादा को कलंकित किया। इन्हें यहां भी शर्म आएगी, ऐसा आप सोच भी नहीं सकते। ये कुछ न कुछ भविष्यवाणी करते ही रहेंगे, और कोई न कोई तो सही हो ही जाएगा, और जो सही होगा, उसका प्रसार इस कदर कराएंगे कि दुनिया को लगने लगेगा कि इनसे बड़ा ज्योतिषी कोई नहीं। यह हाल है उन महान ज्योतिषियों का, जो कालसर्प योग के अनुसंधानकर्ता हैं। आप स्वयं निष्कर्ष निकाल सकते हैं कि जो कालसर्प योग के नाम पर पूजा, कवच, यंत्र, लॉकेट व अंगूठी का व्यापार कर रहे हैं, उनके तर्क में कितनी सच्चाई हो सकती है?

पैसा और पैसा कमाने की लालसा में ये दिव्य ज्योतिषीगण यह भूल चुके हैं कि जनमानस के अंदर भय पैदाकर, समाज में कालसर्प योग की भ्रांति फैलाकर, धनार्जन का कार्य करना न केवल निंदनीय है वरन् घोर पाप भी है। इससे धीरे-धीरे शास्त्र की लाभप्रदता में कमी आएगी और लोगों का विश्वास इस शास्त्र से टूटेगा और शनैः शनैः लोग इस शास्त्र से विमुख होते जाएंगे जो कि शास्त्र व राष्ट्र दोनों के लिए घातक सिद्ध होगा।

ज्योतिष कोई उपन्यास तो नहीं कि पाठकों को आकर्षित करने के लिए सनसनीखेज घटना, कपोलकल्पित पात्रों के भयावह नाम से रोमांच पैदा कर दिया जाए। यह तो वेदांग है और कहा जाता है कि **"ज्योतिषां वेदं चक्षुः"** अर्थात ज्योतिषशास्त्र वेद का नेत्र है। इतने परम पवित्र, सत्य व उपयोगी विज्ञान के साथ इतना खिलवाड़ क्यों? हमें निश्चय ही

इस पर विचार करना होगा अन्यथा कहीं ऐसा न हो कि हम क्रिया रूप में आने में इतना विलंब कर दें कि भ्रांतियों का खेल खेलने वाले, सत्यता को कपोलकल्पित धन ऊगाऊ योगों की चादर से इतना ढंक दें कि हम भ्रम की स्थिति में पड़ जाएं।

भगवान विघ्नविनाशक को सर्वप्रथम प्रणाम कर, भ्रांति को समाप्त करने हेतु प्रयास के मार्ग पर चलने की चेष्टा कर रहा हूं, आशा है कि आप सभी पाठकों का प्रेम पाने का सौभाग्य प्राप्त कर पाऊंगा। आपका प्रेम मेरी लेखनी का प्रवाह होगा।

इस प्रयास के मार्ग पर चलने के लिए जिन्होंने मुझे प्रेरणा दी उसमें ईश्वर के अतिरिक्त सर्वप्रथम मेरे परम पूज्य पिता श्री गजेन्द्र प्रसाद त्रिपाठी, माता श्रीमती चंद्रमुखी त्रिपाठी व मेरी धर्मभार्या श्रीमती मीनू त्रिपाठी के साथ मेरे सहयोगी विवेक श्रीवास्तव व मेरी पुत्री धात्री त्रिपाठी की प्रमुख भूमिका रही है।

–पं. राजेश तिवारी

बंगला नं. 135बी, डेरी रेलवे कॉलोनी
गोरखपुर (उ.प्र.)–273014
मो. 09415358825

श्रावण शुक्ल पक्ष
नवमी तिथि
श्री विक्रम संवत् 2062
गोरखपुर (उ.प्र.)

अनुक्रमणिका

1

विचारणीय तथ्य

कालसर्प योग की प्रचलित परिभाषा के अनुसार जब किसी जातक या जातिका के जन्मांग में सभी ग्रह राहु व केतु के बीच पाए जाते हैं। जिसके पीछे यह तर्क दिया जाता है कि राहु-केतु के अक्षों (Axis) के बीच सभी ग्रहों के आने पर, प्रत्येक ग्रह पापाक्रांत हो जाता है जिसके परिणामस्वरूप उसे नकारात्मक परिणाम प्राप्त होता है। आजकल कालसर्प योग के कारण जो नकारात्मक परिणाम प्रसारित किए जा रहे हैं, उनमें प्रमुख चार निम्नवत हैं–

1. जातक को जीवन में कभी भी उपलब्धि प्राप्त नहीं होती, उसे अथक परिश्रम के बाद भी उचित परिणाम नहीं मिलता जिसके कारण उसे मानसिक असंतोष, हीन भावना तथा लक्ष्यहीनता का अनुभव होता है।
2. येन केन प्रकारेण शारीरिक तथा मानसिक रूप में अस्वस्थता महसूस होती है, जिसके कारण वह जीवन का भोग नहीं कर पाता।
3. जातक के जन्मांग में लाख विवाह का उत्तम योग हो परंतु KSY (कालसर्प योग) के कारण, विवाह नहीं होता, यदि विवाह विलंब से हो भी जाए तो दांपत्य जीवन नरक तुल्य होता है।
4. जातक को संतान होने में परेशानी होती है, यदि संतान विलंब से हो भी जाए, तो मात्र कन्या संतान होती है, पुत्र संतान का अभाव रहता है जिसके कारण जातक सदैव पीड़ित रहता है।

यदि ज्योतिषियों द्वारा सृजित कालसर्प योग के उपरोक्त फल को आँखें बंद कर मान लिया जाए तो भी निम्न तथ्य से स्वयं को अवगत करना परमावश्यक प्रतीत होता है।

1. क्या ग्रहों की उत्तम अवस्था, उत्तम ग्रह स्थिति व दशा के बावजूद भी अच्छा फल नहीं प्राप्त होगा?

2. क्या जीवन का प्रारंभिक समय, प्रत्येक अवस्था में संघर्षशील होगा?
3. क्या कालसर्प योग होने पर जातक को सदैव विपरीत परिणाम प्राप्त होंगे? ग्रहों की उत्तम दशा, ग्रहों की उत्तम अवस्था का कोई मूल्य नहीं?
4. क्या गोचर में राहु व केतु की उत्तम अवस्था के बाद भी सकारात्मक परिणाम नहीं मिलता?
5. क्या जातक मानसिक असंतोष का कारण जानकर भी परेशान रहता है?
6. क्या लग्नेश व लग्न की उत्तम अवस्था के बाद भी सदैव बीमार रहता है?
7. क्या जन्मांग में उत्तम धनयोग होने पर भी जातक निर्धन हो जाता है?
8. क्या पंचमेश तथा पंचम भाव के शुभ व बली होने पर भी जातक को शिक्षा व संतान प्राप्त नहीं होती?
9. क्या कालसर्प योग के कारण ही जातक को स्वप्न में साँप दिखाई देता है और बिस्तर पर पेशाब करता है।
10. क्या जन्मांग में उत्तम विवाह योग होने पर भी विवाह विलंब से होगा व दांपत्य जीवन नरक तुल्य होगा।
11. क्या उत्तम धनेश व एकादशेश व श्री योग होने पर भी आर्थिक गिरावट होगी?
12. क्या संतान से उत्तम सुख के बाद भी अप्रसन्नता प्राप्त होगी?
13. क्या कालसर्प योग के ही कारण कार्य में अचानक समस्या आती है, जिससे जातक मानसिक रूप से असंतुष्ट होता है? अचानक समस्या के दूसरे कोई तथ्य नहीं होते हैं।
14. क्या कलासर्प के पूजन, यंत्र, कवच, लॉकेट, अंगूठी के उपचार अपनाने पर शांति हो जाती है। फिर विपरीत परिणाम नहीं मिलता।
15. क्या जन्मांग, चंद्रांश, नवांश आदि में भी कालसर्प योग हो तो विपरीत परिणाम और बढ़ जाता है?
16. क्या उम्र के 42 वर्ष बाद, KSY के द्वारा प्राप्त होने वाले विपरीत परिणाम में न्यूनता किसी विशेष योग के कारण आती है?

17. यदि परिवार के कई सदस्यों को कालसर्प योग हो तो सबको एक समान नकारात्मक परिणाम मिलेगा?
18. क्या जन्मांग में पूर्ण दांपत्य जीवन का सुख होने पर भी KSY के कारण दांपत्य सुख नहीं मिलता?
19. क्या जन्मांग के दुर्घटना का योग न होने पर भी KSY के कारण दुर्घटना होती है?
20. क्या जन्मांग में पंचमहापुरुष के लक्षण होने पर भी KSY के कारण व्यक्ति सामान्य ही रह जाता है?

कालसर्प योग के स्पष्ट विवेचना के लिए उपरोक्त बीस बिंदुओं का विचार आवश्यक है। विचारोपरांत आपको पूर्णतया स्पष्ट हो जाएगा कि वास्तविकता क्या है?

मैंने अपने 20 वर्षों के ज्योतिषीय अनुभव में हजारों जन्मांग देखे हैं तथा सैकड़ों ऐसे जन्मांग देखे हैं, जिसमें जातकों के सभी ग्रह राहु तथा केतु के बीच हैं, परंतु जीवन की प्रत्येक सत्यता व घटना का स्पष्ट विवेचना, ज्योतिषीय गणना के आधार पर किया जा सकता है बिना किसी कालसर्प योग के।

अतः मैं आप सभी से कहूंगा कि कालसर्प योग नामक कपोल कल्पित योग के चक्कर में न पड़ें, न ही फलित में इसका उपयोग करें, ज्योतिष के नियमानुसार गणित कर फलित कहें–आप सौ फीसदी सही फलादेश कर सकते हैं।

इस पर इतना विचार अवश्य करें जिससे आपको स्वयं यह अनुभव हो जाए कि यह वास्तव में कुछ भी नहीं है। तथाकथित ज्योतिष व्यापरियों का धन ऊगाऊ शस्त्र है। ऐसे ही विवादास्पद कार्यों के कारण ज्योतिषियों की मर्यादा गिरती जा रही है। बिना किसी अनुसंधान के, मात्र धनार्जन हेतु लोगों को डराकर, उनसे पूजा कराना तथा कपोल कल्पित मंत्र, तंत्र व कवच की बिक्री करना, निश्चय ही घोर अपराध है, इस कुकर्म के लिए आने वाले समय में यह समाज कभी भी माफ नहीं करेगा।

आपबीती : एक सत्य घटना सुनाता हूं–दिल्ली में एक कालसर्प योग के सौदागर पंडित जी से मेरी मुलाकात हुई। मैंने उनसे कहा पंडित जी

आप तो सामर्थ्यवान हैं व ज्ञानी भी प्रतीत हो रहे हैं। फिर आप कालसर्प योग को क्यों मानते हैं? पंडित जी ने कहा–देखिए तिवारी जी, मैं आपके तर्कों से सहमत हूं परंतु आज आप जो मेरी पॉजीशन, धन, वैभव देख रहे हैं वह कालसर्प योग के ही कारण है। भाई कुछ भी हो परंतु कालसर्प योग ने तो मुझे खूब सूट किया। मैंने कहा क्या मतलब है पंडित जी? उन्होंने अपना पूरा इतिहास बताया जिसे सारांश में उन्हीं की जुबानी मैं आपके सामने रख रहा हूं–

"तिवारी जी! यह दिल्ली है! यहां कोई बिना भय और स्वार्थ के चवन्नी भी नहीं देता है। आप अनायास ही सत्यता के मार्ग पर चलना चाहते हैं। आपको क्या तकलीफ है? सामान्य स्थिति में कौन पंडित को पूछता है। हर आदमी गिरे निगाह से देखता है। यदि आप जन्मांग देखकर बता दो कि कालसर्प योग है, मारकेश है, साढ़े साती है तो देखिए कैसे लोग आपके पीछे-पीछे घूमते हैं। बिना भय के तिवारी जी कोई पूजा नहीं कराता, इसलिए मैंने यह मार्ग अपना लिया है।

मैं दिल्ली में सन् 1993 में 24 रुपए लेकर आया था और आज मेरा अपना फ्लैट है, गाड़ी है। मेरे नेतृत्व में बीस ऐसे पंडित हैं, जो सिर्फ पूजन का कार्य कराते हैं। कालसर्प योग की शांति के लिए मैं कम से कम पारिश्रमिक 10000 रुपए लेता हूं और कम से कम 8 से 10 पूजा का कार्य रोज मेरे पास रहता है, उसके बाद भी महीनों दिन बाद ही किसी को पूजन कराने का समय मुझसे मिलता है। भाई तिवारी जी, जो भी सत्यता हो परंतु कालसर्प योग की पूजा ने ही हमारी किस्मत बदल डाली। मैं आपसे पुनः कह रहा हूं कि आप जैसा विद्वान यदि इसके पक्ष में उतर जाए तो हम सभी का तो कल्याण होगा ही, आप भी मालामाल हो जाएंगे, बाकी आपकी इच्छा, मैं इससे अधिक कुछ नहीं कह सकता।

ऐसा नहीं कि यह मात्र दिल्ली वाले पंडित जी ही कर रहे हैं, ऐसे अनगिनत पंडित हैं जो कालसर्प योग जैसे भ्रांति को देश के प्रत्येक कोने में पहुंचाकर भोले-भाले लोगों से धनदोहन का कार्य कर रहे हैं।"

❑❑❑

2

वैदिक एवं वैज्ञानिक प्रमाण

ज्योतिष शास्त्र के प्रवर्तकों के विषय में बृहद्संहिता में निम्न पंक्तियां उल्लेखित की गई हैं–

सूर्यपितामहो व्यासो वसिष्ठोऽत्रिः पराशरः
कश्यपो नारदो गर्गो मरीचिर्मनुरंगिराः।
लोमशः पौलिशश्चैव च्यवनो यवनो भृगुः
शौनकोऽष्टादशाश्चैते ज्योतिः शास्त्र प्रवर्तकाः॥

(कश्यप)

अर्थात सूर्य, पितामह, व्यास, वसिष्ठ, अत्रि, पराशर, कश्यप, नारद, गर्ग मरीचि, मनु, अंगिरा, लोमश, पौलिश, च्यवन, यवन, भृगु और शौनक, ये मूल 18 (अठारह), ज्योतिषशास्त्र के प्रणेता रहे हैं। इन्होंने ज्योतिष विज्ञान की प्रत्येक शाखा, गणित से लेकर फलित तक के प्रत्येक सिद्धांत को बताया है। आप इनकी रचनाओं को हजारों-हजार बार पढ़िए, परंतु आपको कालसर्प योग नाम का कोई योग नहीं मिलेगा। राहु व केतु के कारण बनने वाले प्रत्येक योग का वर्णन आप पढ़ सकते हैं, परंतु यह मायावी योग आपको कहीं पढ़ने में नहीं मिलेगा। अब प्रश्न यह उठता है कि आखिर आजकल के सर्वाधिक चर्चित कालसर्प योग के विषय में मनीषियों ने वर्णन क्यों नहीं किया? जबकि राहु व केतु के स्वभाव, इनके उद्भव का सूत्र, अन्य ग्रहों से होने वाले प्रत्येक योग का फल, विस्तार से वर्णन किया गया। क्या यह मान लिया जाए कि इन प्रणेताओं से यह भूल हो गई, जिसे आज के दिव्य ज्योतिषी गणों ने देखा और जोरों से वर्णन कर रहे हैं? इसका उत्तर बड़ा ही सहज व स्पष्ट है–इस प्रकार का कोई योग हो ही नहीं सकता तो वर्णन का कोई

तात्पर्य ही नहीं रह जाता। आखिर इन मनीषियों पर यह दोषारोपण करना कि उनसे भूल हो गई–कहीं से भी प्रासंगिक नहीं लगता क्योंकि आज से हजारों हजार वर्ष पूर्व इनका दिव्य ज्ञान, आज भी विज्ञान के लिए चमत्कार की तरह है। राहु व केतु के विषय में विज्ञान मौन है, इसके अनुसार सौरमंडल में ऐसा कोई ग्रह नहीं होता, न ही राहु-केतु को दुनिया के किसी दूरबीन से देखा जा सकता है। परंतु यह तथ्य हमारे प्रणेताओं ने हजारों वर्ष पूर्व बता दिया था कि राहु-केतु कोई ग्रह नहीं, यह मात्र छाया ग्रह है, जिसे विज्ञान भी स्वीकारता है। अत: यह कहना कि प्रवर्तकों से भूल हो गई, जिसके परिणामस्वरूप इस योग का वर्णन नहीं कर पाए, पूर्णत: मूर्खतापूर्ण तर्क है। यदि मात्र कोई एक प्रवर्तक होता तो शायद एक सेकंड के लिए विचार में आ सकता था, परंतु यह कैसे मान लिया जाए कि सूर्य से लेकर शौनक तक के 18 प्रणेताओं से लगातार भूल होती गई? यह निश्चय ही मात्र अपनी बात को रखने व मनवाने के लिए गढ़ी गई कपोल कल्पित तर्क है।

20वीं सदी के विद्वान ज्योतिषियों में डॉ.बी.वी. रमन का नाम भी आदर से लिया जाता है। यह दक्षिण भारत के प्रख्यात ज्योतिषी थे। इन्होंने विभिन्न ग्रहों के योग से बनने वाले योगों का विस्तार से वर्णन अपनी पुस्तक "तीन सौ महत्त्वपूर्ण योग" (Three hundred Important Combination) में किया, परंतु तीन सौ महत्त्वपूर्ण योग में भी इस चर्चित कालसर्प योग का कहीं भी उल्लेख नहीं किया। जबकि आज के ज्योतिषियों के मतानुसार सबसे महत्त्वपूर्ण योग कालसर्प योग है बाकी योग बाद में। आज ज्योतिषी जन्मांग देखते ही आंशिक या पूर्ण कालसर्प की बात कहता है और परिणाम स्वरूप यह योग आज देश के प्रत्येक भाग में पहुंच चुका है। ज्योतिषी जैसे ही जन्मांग में इस मनगढ़ंत योग को देखता है उसकी आँखों की चमक बढ़ जाती है, जैसे बिल्ली की आंखों में चूहे को देखकर चमक आती है, फिर ज्योतिषी शांति के लिए पूजा, यंत्र, तंत्र, कवच, अंगूठी आदि का उपाय बताकर धन दोहन करता है। इसकी पूजा की गूंज लगभग देश के प्रत्येक भाग में सुनाई देती है परंतु उज्जैन का महाकालेश्वर तथा नासिक का त्र्यंबकेश्वर इसका गढ़ बना हुआ है। जो जातक इन दोनों स्थलों पर नहीं जा सकता वह अपने

निकट के शिव मंदिर में पूजा करा सकता है। भगवान शिव के प्रति आस्था को, कालसर्प योग के नाम पर सहजता पूर्वक प्रत्येक स्थान पर बेचा जा रहा है। शिव को इस योग से जोड़ने के बाद ज्योतिषियों व कर्मकांडियों को यह लाभ अवश्य हो गया कि उन्हें लोगों को बहुत समझाना नहीं पड़ता, आसानी से लोग भगवान शिव की पूजा के नाम पर खर्च का वहन कर लेते हैं।

यदि निष्पक्षतापूर्वक हम कालसर्प योग व ज्योतिष के सिद्धांत पर विचार करें व फलित ज्योतिष के सूत्रों को ध्यान में रखें तो निम्न निष्कर्ष पर विचार अवश्यंभावी लगता है–

1. किसी भी पौराणिक शास्त्र में इसका वर्णन नहीं है।
2. ज्योतिष के मूल प्रणेताओं से लेकर डॉ. बी.वी. रमन तक ने इस योग के बारे में एक शब्द भी नहीं लिखा।
3. विज्ञान की दृष्टि से राहु व केतु कोई ग्रह नहीं है जो कि शास्त्रानुकूल तथ्य है कि यह छाया ग्रह है।
4. ब्रह्मांड की द्वादश राशियों में, राहु व केतु किसी भी राशि का प्रतिनिधित्व नहीं करते।

उपरोक्त प्रभावित तथ्यों के बाद, आखिर पूर्व नियोजित ढंग से इसका प्रचार प्रसार क्यों किया जा रहा है, प्रचार व प्रसार की दिव्यता का आलम यह है कि पत्र-पत्रिकाएं रंगी पड़ी हैं, टी.वी. चैनलों पर ज्योतिषीगण लगभग हर समय इस योग के बारे में कुछ न कुछ अवश्य बोलते रहते हैं। इनके अनुसार बिना कालसर्प योग के फलित ज्योतिष अधूरी है, बिना इस योग का उल्लेख किए भविष्यवाणी नहीं की जा सकती है।

इस योग को सर्वोपरि माननेवाले ज्योतिषियों का मूल उद्देश्य धनार्जन का है, यहां तक कि धन दोहन के लिए ये मात्र कालसर्प योग पर ही नहीं आश्रित है, ये जन्मांग में बिना मारकेश के महामृत्युंजय के जप का सुझाव तक दे डालते हैं। शनि की साढ़े-साती व ढैया का शस्त्र भी चला देने के बाद इनके पास प्रचुर धन आ जाता है। इनके प्रत्येक क्रियाकलाप का यदि आप सूक्ष्मतापूर्वक विश्लेषण करें तो आपके सामने यह तथ्य स्पष्ट हो जाएगा कि इनका मात्र उद्देश्य स्वयं को

प्रचारित व प्रसारित कर लोगों से धन दोहन का है, इसके अलावा इनका न ही कोई इमान है, न ही कोई धर्म। ज्योतिष के मूल प्रणेताओं ने इस शास्त्र की रचना जन-कल्याण के लिए किया था न कि धनार्जन के लिए, मात्र यही कारण है कि सूर्य से लेकर शौनक तक तथा 20वीं सदी के डॉ. बी.वी. रमन तक ने इस योग के बारे में कुछ भी नहीं लिखा। क्योंकि ज्योतिष के प्रवर्तकों का मूल उद्देश्य जनकल्याण का था, उनका उद्देश्य था कि इस विज्ञान द्वारा लोगों का शारीरिक, मानसिक व आध्यात्मिक विकास हो सके व लोग मानव होने के उद्देश्य को समझ कर धर्म मार्ग को अपना सकें।

सौरमंडल में राहु-केतु की स्थिति को जान लेने के बाद हम स्वयं इस निष्कर्ष पर आ सकते हैं कि यह महाफ्रॉड योग है। इसके लिए हमें निम्न दो शब्दावलियों पर ध्यान देना होगा–

1. **रवि मार्ग** (Ecliptic): हम सभी जानते हैं कि हमारी पृथ्वी सूर्य का एक परिक्रमण 365 दिन 5 घंटा 48 मिनट में करती है। हम पृथ्वी पर निवास करते हैं जिसके फलस्वरूप सूर्य हमें दीर्घ वृत्ताकार मार्ग पर परिक्रमण करता हुआ प्रतीत होता है (सापेक्षता का सिद्धांत)। ज्योतिष में यह माना जाता है कि सूर्य लगभग 30 दिन में 30^0 की कोणीय दूरी तय करता है, अत: सूर्य का ब्रह्मांड में आभासीय मार्ग, दीर्घवृत्ताकार पथ या रवि मार्ग या Ecliptic कहलाती है।
2. **चंद्र मार्ग** (Monn path): चंद्रमा पृथ्वी का उपग्रह है, जो सूर्य का परिक्रमण न करके, पृथ्वी का परिक्रमण करता है। चंद्रमा का यह मार्ग, जिसके द्वारा यह पृथ्वी का परिक्रमण करता है चंद्र मार्ग कहलाता है।

दोनों राहु व केतु नामक छाया ग्रह को समझने के लिए निम्न चित्र पर विचार करें–

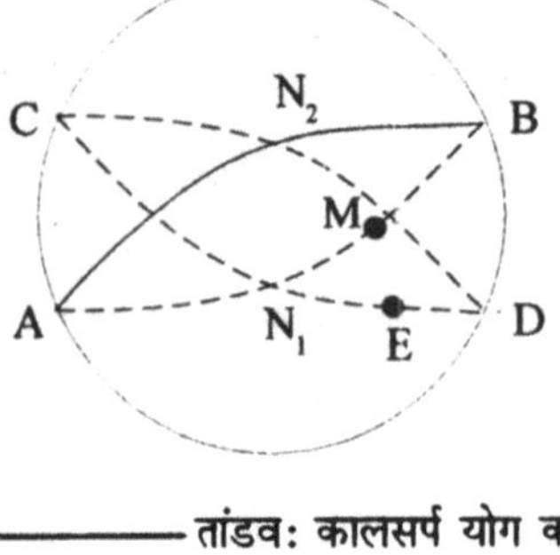

N_2 = राहु

N_1 = केतु

M = चंद्रमा

E = पृथ्वी

A, B, C, D = मार्ग

उपरोक्त चित्र में AN_1 BN_2 द्वारा चंद्रमा के मार्ग को दर्शाया गया है तथा CN_1 DN_2 द्वारा रवि मार्ग को। इसी रवि मार्ग पर पृथ्वी की छाया प्राकृतिक रूप से पड़ती है। N_1 तथा N_2 वह दो बिंदु है जहां चंद्र मार्ग रवि मार्ग को काटता है। M चंद्रमा को प्रदर्शित करता है तथा E पृथ्वी की छाया को। स्पष्टतः चंद्रमा के दो Node, एक वह जो ऊपरी Node है, राहु कहलाता है तथा दूसरा वह जो निचला बिंदु है, केतु कहलाता है। यह दोनों ही Nodes या राहु व केतु सदैव एक दूसरे से 180^0 पर होते हैं। यद्यपि चंद्रमा सूर्य का परिक्रमण न करके पृथ्वी का परिक्रमण करता है, जिसके कारण ये Nodes भी Fixed (स्थिर) नहीं होते बल्कि वक्र गति से प्रतिदिन $3^0.10$ की चाल चलते रहते हैं। यही तथ्य पौराणिक शास्त्रों में भी वर्णित किया गया है; जैसे–

राहुच्छाया स्मृतः केतुर्यत्र राशौ भवेदयम्।
तस्मात्सत्तमं केतुः राहुः स्याद्यत्र चांश के॥
तस्मादंशे सप्तमे स्यात्केतोरंशो नवांशकः।
त्रिशांशो भागशब्देन पारम्पर्यमिदं गुरोः॥

अर्थात, केतु राहु की छाया है, जिसके कारण राहु जिस राशि पर स्थित होता है, उससे 7वीं राशि में केतु रहता है।

मूलतः राहु व केतु, सूर्य तथा चंद्रमा की कक्षाओं के संपात बिंदु है, जिन्हें Astronomy में चंद्रपात कहा जाता है। इन दोनों का कोई बिंब न होने के कारण ही इन्हें छाया ग्रह कहा जाता है।

चित्र द्वारा यह पूर्णतया स्पष्ट हो जाता है कि सूर्य की दीर्घवृत्ताकार कक्षा तथा चंद्रमा के प्रतिच्छेदन के फलस्वरूप प्राप्त होने वाला ऊपरी बिंदु राहु तथा निचला बिंदु केतु कहलाता है, इसकी न ही कोई अपनी कक्षा है और न ही इसका अपना स्वतंत्र व्यवहार या गुण।

कालसर्प योग की प्रचलित परिभाषा के अनुसार जब सारे ग्रह, राहु व केतु के बीच आ जाते हैं तो यह योग बनता है, इसका अर्थ यह हुआ कि सूर्य, चंद्र, मंगल, बुध, बृहस्पति, शुक्र व शनि राहु व केतु के बीच आ जाए, जबकि राहु व केतु स्वयं छाया ग्रह है। तो यह कैसे संभव है कि सभी ग्रह इनके बीच आ जाएंगे, यह तो तभी संभव है जब

समस्त ग्रह अपनी अपनी कक्ष को छोड़कर, चंद्रमा के Nodes के बीच आ जाए, यह असंभव है। क्योंकि समस्त ग्रह अपनी-अपनी कक्षा में नियत कक्षीय चाल से परिक्रमण करते हैं, अत: परिक्रमण का मार्ग व कक्षा के परिवर्तित या छोड़ने की बात करना पूर्णत: अवैज्ञानिक है। यह अवश्य होता है कि परिक्रमण करते समय, कभी-कभी ग्रह दूर हो जाते हैं तो कभी-कभी नजदीक। और जब दो या दो से अधिक ग्रह परिक्रमण करते समय एक ही कक्षा में अर्थात एक राशि में पाए जाते हैं, तो सामान्य बोलचाल की भाषा में कहा जाता है कि अमुक राशि में दो या दो से अधिक ग्रह हैं, परंतु इसका तात्पर्य मात्र इतना है कि परिक्रमण करते समय ये ग्रह निश्चित समय में अपनी-अपनी कक्षा में परिक्रमण करते समय अमुक राशि से गुजर रहे थे। इसे निम्न उदाहरण द्वारा आसानी से समझा जा सकता है।

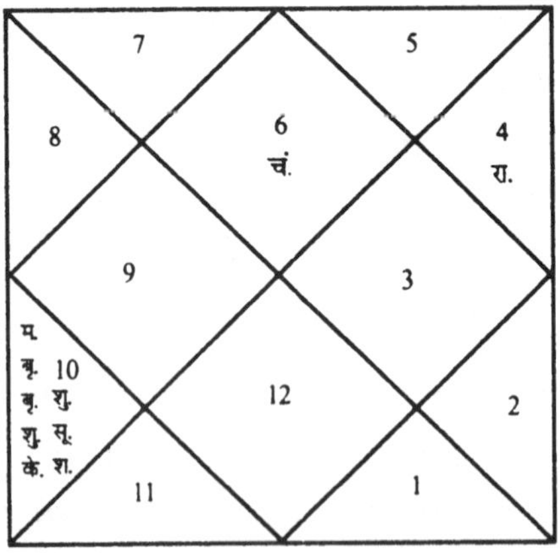

जातक के जन्मांग में पंचम भाव में सात ग्रह बैठे हैं, इसका अभिप्राय यह कदापि नहीं है कि जन्म के समय सभी सातों ग्रह अपनी-अपनी कक्षा छोड़कर मकर राशि में एक साथ बैठ गए हैं, बल्कि इसका अभिप्राय मात्र इतना है कि सभी सात ग्रह, जातक के जन्म के समय अपनी-अपनी कक्षा में परिक्रमण करते समय मकर राशि से गुजर रहे थे, जिसे सौर मंडल में निम्न चित्र द्वारा और भी स्पष्ट किया जा सकता है-

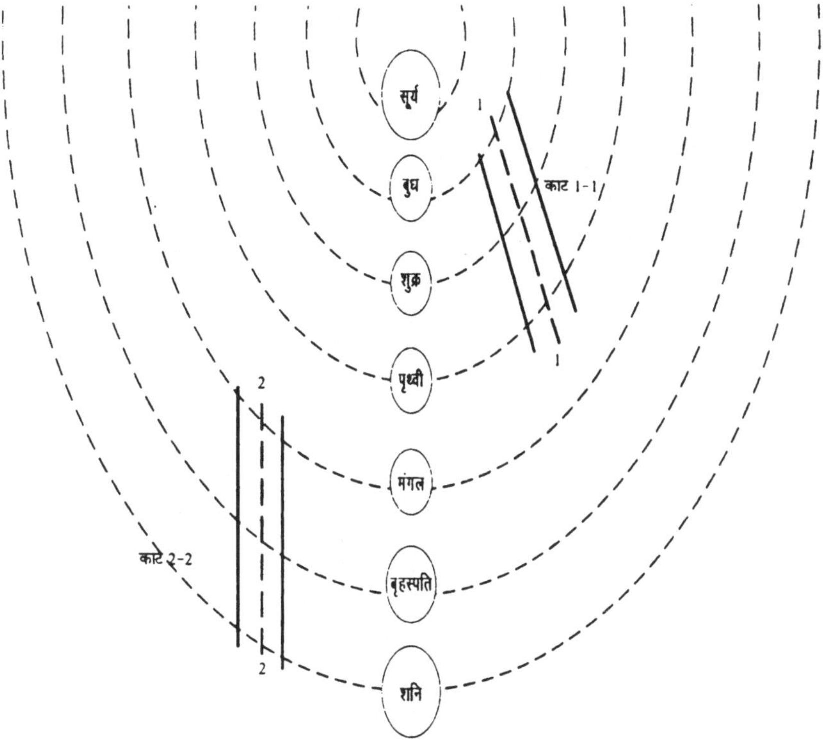

(सौर मंडल में ग्रहों की कक्षा)

चित्र द्वारा पूर्णतया स्पष्ट है कि जातक के जन्म समय क्रमशः सूर्य, मंगल, बुध, बृहस्पति, शुक्र व शनि अपनी-अपनी कक्षा में अपनी नियत कक्षीय चाल से परिक्रमण करते हुए मकर राशि से गुजर रहे थे, न कि यह अर्थ है कि ये छह ग्रह मकर राशि में अपनी-अपनी कक्षा छोड़कर बैठे हैं। जातक के जन्म समय सूर्य की दीर्घवृत्ताकार कक्षा व चंद्रमार्ग के कटान का बिंदु क्रमशः कर्क तथा मकर राशि में पड़ा था, जिसके कारण राहु, कर्क राशि में तथा केतु मकर राशि में स्थित है। अतः समस्त ग्रहों को राहु व केतु के बीच में आने की बात करना पूर्णतः अवैज्ञानिक है।

उपरोक्त चित्र सौरमंडल में ग्रहों की स्थिति तथा उनकी कक्षीय चाल व परिक्रमण पथ को दर्शाया गया है। इस चित्र द्वारा यह स्पष्ट है

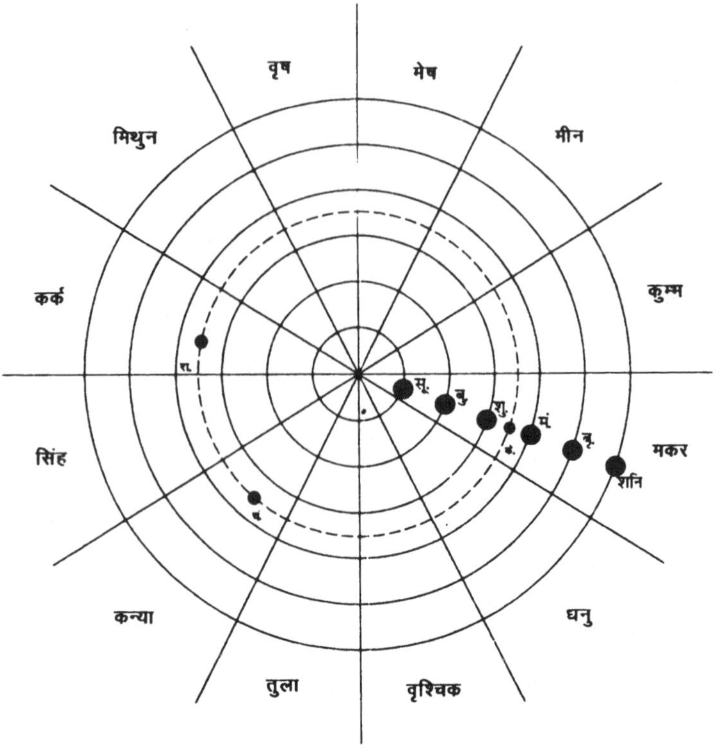

कि सूर्य, बुध, शुक्र, मंगल, बृहस्पति, शनि की कक्षाएं क्रमश: स्थित अर्थात शनि सर्वाधिक दूरी पर है। काट 1-1 पर आप देख सकते हैं कि बुध व शुक्र निश्चित समय पर एक साथ दिखाई दे रहे हैं। इसी प्रकार काट 2-2 पर मंगल, बृहस्पति व शनि एक साथ दिखाई दे रहे हैं, परंतु स्पष्ट है कि सभी ग्रह अपनी-अपनी कक्षा में परिक्रमण कर रहे हैं न कि अपनी कक्षा छोड़कर परिक्रमण कर रहे हैं। निश्चित समय पर कभी-कभी यह ग्रह एक साथ एक ही कक्षा (राशि) से गुजर रहे हैं, जिसके फलस्वरूप जन्मांग में एक ही राशि में एक से अधिक ग्रहों को दर्शाया जाता है।

निम्न जन्मांग देखिए–

यह जन्मांग मेरे एक मित्र के अनुज का है। वह दिल्ली में रहकर प्रतियोगी परीक्षा की तैयारी कर रहा था। इसी दौरान वह भविष्य की

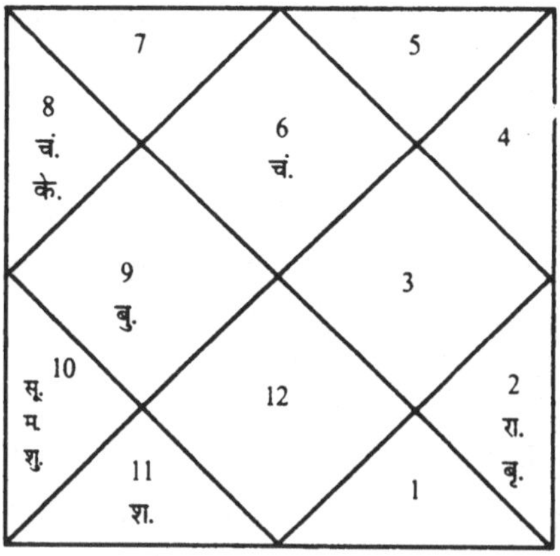

जिज्ञासा लिए दिल्ली में एक महान कंप्यूटर ज्योतिषी से मिला, जिनका कंप्यूटर संस्थान है तथा ज्योतिष पत्रिका का संपादन भी करते हैं। उन्होंने निम्न भविष्यवाणी की–

1. आपके जन्मांग में पूर्ण कालसर्प योग है, अत: आप लाख प्रयास कर लीजिए नौकरी नहीं मिलेगी। इसलिए तत्काल कालसर्प योग की शांति का उपाय करिए व कालसर्प दोषहारी यंत्र धारण करिए।
2. आपकी पत्नी का स्वामी ग्रह बृहस्पति है जो राहु के साथ बैठकर गुरु चांडाल योग बना रहा है। इसके कारण विवाह में विलंब होगा व पत्नी के स्वभाव सदैव दु:खी रखेगा, विवाहोपरांत पत्नी के कारण पारिवारिक कलह होगा, दांपत्य जीवन अत्यधिक कष्टकारक है।

यह सारी आपबीती बातें जब अनुज ने अपने भाई को बताया, तो वह घबराया हुआ मेरे पास आया और मुझे सख्त हिदायत दी कि जो भी सही है स्पष्ट बताओ। मैंने जन्मांगों पर विचार करने के बाद कहा–मित्र, कालसर्प योग कुछ नहीं होता। यह मात्र तथाकथित ज्योतिषियों के धनार्जन का साधन है। रहा प्रश्न नौकरी का तो निश्चय ही तुम्हारे अनुज को 2005 के जून माह के पहले नौकरी मिल जाएगी व विवाह भी उत्तम होगा तथा दांपत्य जीवन सुखमय कहा जाएगा क्योंकि जातक का द्वादशेश पंचम भाव में है तथा दशमेश चतुर्थ भाव में बैठकर दशम

भाव पर पूर्ण दृष्टि डाल रहा है व द्वादश भाव तथा पराक्रम भाव दोनों ही शनि से पूर्ण दृष्ट है।

हां! यह सत्य है कि नवम भाव में गुरु चांडाल योग है परंतु सप्तमेश के राहु के साथ होने से दांपत्य जीवन खराब नहीं होता, विवाह के सफल होने में शुक्र, चंद्र, नवांश आदि की स्थिति अत्यधिक निर्णायक होती है। जो तुम्हारे अनुज का उत्तम है, अतः दांपत्य जीवन उत्तम होगा, इसमें भी संदेह नहीं।

इस जातक को वर्ष 2005 के अप्रैल माह में रेल विभाग में नौकरी प्राप्त हुई व जातक का जून 05 में विवाह हुआ। वर्तमान में यह जातक सुखद दांपत्य जीवन का सुख भोग रहा है।

पंडित जवाहरलाल नेहरू (भारत के प्रथम प्रधानमंत्री)

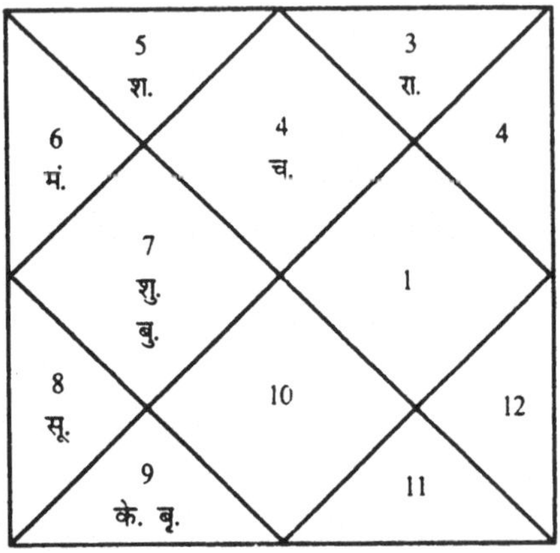

इस जन्मांग में ज्योतिषीगण, पूर्ण कालसर्प योग बताते हैं। देखें क्या है, इसका वास्तविक फल–

यहां राहु मिथुन राशि का है तथा केतु धनु राशि का है, जिसका अर्थ मात्र इतना है कि सूर्य की दीर्घवृत्ताकार कक्षा तथा चंद्र मार्ग की कक्षा का कटान बिंदुओं का ऊपरी बिंदु मिथुन राशि का तथा निचला बिंदु धनु राशि का है। अतः इसकी छाया जिन–जिन ग्रहों पर पड़ेगी वे ही मात्र प्रभावित होंगे, परंतु जिन पर छाया पड़ेगी ही नहीं वह राशि तथा ग्रह प्रभावित नहीं होंगे। बृहस्पति के केतु के साथ बैठने का तात्पर्य यह

अवश्य है कि केतु की छाया से बृहस्पति प्रभावित होगा, परंतु समस्त ग्रह, राहु व केतु के साथ प्रभावित कैसे हो सकते हैं? सारे ग्रह तो तभी प्रभावित हो सकते हैं जब कटान बिंदुओं की छाया सभी ग्रहों पर पड़े, जो असंभव के साथ-साथ कपोल कल्पित मात्र है। सारांश रूप में यही कहा जा सकता है कि यदि किसी जन्मांग में कोई ग्रह, राहु व केतु के साथ बैठा हो तो इसमें चिंता की कोई बात नहीं, क्योंकि राहु व केतु की छाया से प्रभावित होने वाला ग्रह आपके लिए उत्तम फलदायी हो सकता है।

कागज में यह अवश्य लग रहा है कि मिथुन राशि के राहु तथा धनु राशि के केतु के बीच सभी ग्रह आ गए हैं। मूलतः इसका कारण है- कागज का Two dimensional होना, अर्थात कागज में मात्र दो Plane (तल) ही दर्शाया जा सकता है, जिसके कारण 180^0 के बीच पड़ने वाले सभी ग्रह हमें बीच में दिखाई देते हैं जबकि सौरमंडल में अनंत तल है।

आप स्पष्ट रूप से यह जान लें कि राहु व केतु के बीच सभी ग्रह कदापि नहीं हो सकते। ग्रहों की दृष्टि का सिद्धांत भी इसी सिद्धांत पर आधारित है जिसके फलस्वरूप ग्रह जिन-जिन स्थानों पर अपना प्रकाश बिंदु डालते हैं, वहीं उनकी दृष्टि कही जाती है।

राहु-केतु छाया ग्रह है, अतः इनके प्रकाश से ग्रहों के प्रभावित होने की बात पूर्णतः असत्य है क्योंकि ये स्वयं छाया ग्रह है, इनका कोई प्रकाश नहीं होता। हां, इनकी छाया से ग्रह अवश्य प्रभावित होते हैं जिसे हमारे प्रत्येक शास्त्र में विस्तार से बताया गया है। इन छाया ग्रहों की छाया कभी-कभी इतनी लाभदायी होती है कि सामान्य शुभफल देने वाले ग्रह भी इसकी तुलना नहीं कर सकते हैं। अतः इनके नाम पर प्रसारित किए जा रहे कालसर्प योग से भय की आवश्यकता कदापि नहीं है, यह एक निर्मूल योग है। ज्योतिष में राहु व केतु की भिन्न राशि में अवस्था, उन पर ग्रहों की दृष्टि तथा बलाबल के अनुसार पूर्ण सत्य भविष्यवाणी की जा सकती है।

❑❑❑

3

प्रचलित कुतर्क

आजकल ज्योतिषीगण अनेक तर्क देकर लोगों को कालसर्प योग के अस्तित्व के विषय में बता रहे हैं व इसके निवारणार्थ, पूजन, कवच, यंत्र आदि का उपाय सुझा रहे हैं। इसी क्रम में कालसर्प योग की पुजारिन एक महिला ज्योतिषी का लेख एक पत्रिका में छपा जिसका सार महोदया ने इस प्रकार लिखा था– "कालसर्प योग के प्रभावी होने की बात हम इस प्रकार समझ सकते हैं कि मान लीजिए आपके पास धन से भरा घड़ा है परंतु चारों तरफ से सर्पों ने उसको घेर रखा है। आप मजबूर हैं, धन आपका होते हुए भी आप उपभोग नहीं कर सकते, जबतक सर्प आपके घड़े को छोड़कर चले न जाएं तब तक आप उस धन का उपभोग नहीं कर सकते। इसी प्रकार कालसर्प योग को समझ लीजिए, यदि सारे ग्रहों को राहु व केतु ने घेर रखा है तो शुभ ग्रहों का परिणाम प्राप्त नहीं होता, जातक का भाग्य साथ नहीं देता, जिसके कारण जातक जीवन भर अनेक कष्टों से गुजरता है।"

यहां ध्यान देने वाली बात यह है कि क्या ज्योतिषी जी के बताए गए पूजा, यंत्र व कवच का मार्ग अपनाने के बाद, नाग देवता अपने लोक में चले जाते हैं? मान लीजिए कि नागदेव पूजन के बाद अपने लोक चले जाते हैं और धन से भरा घड़ा आपको मिल जता है, परंतु यहां स्वाभाविक प्रश्न यह उठता है कि क्या नागदेवता ही राहु व केतु हैं। यदि दोनों एक ही हैं तो राहु व केतु कहां चले जाते हैं? क्या ये पूजन के बाद अपने लोक चले जाते हैं? या पूजन के बाद इन छाया ग्रहों की छाया पड़नी बंद हो जाती है? यदि ऐसा है तो फिर क्या कहने! सभी लोगों को इन ज्योतिषी जी लोगों, विशेषकर कालसर्प वाले ज्योतिषी

जी को भगवान मान लेना चाहिए क्योंकि जो ग्रह आपके जन्मांग में खराब है, उसका पूजन करा दीजिए, ग्रह महाराज गायब या अपने लोक चले जाएंगे और आपके ऊपर कोई नकारात्मक प्रभाव नहीं पड़ेगा। इस तरह मारक ग्रह, मारकेश का पूजन कराइए और अमर हो जाइए। ऐसी दवा व उपाय तो भगवान ने भी नहीं बनाई जो आजकल कालसर्प योगी ज्योतिषी जी लोग बता रहे हैं। परमात्मा से लेकर बड़े-बड़े ब्रह्मर्षियों ने जनकल्याण हेतु ग्रहों की शांति हेतु पूजन के विविध मार्गों को सुझाया है परंतु ग्रह ही गायब करने या पूर्णतः नकारात्मक परिणाम को समाप्त कर देने का मार्ग नहीं दिखाया। परंतु यह कलियुग है यहां धन के लिए कुछ भी करने को तैयार ज्योतिषी अपनी घिनौनी आदत से मजबूर शास्त्र की मर्यादा को कलंकित करने को तैयार अपनी मृदुभाषी वाणी, कलुषित आत्मा व धनवान बनने की इच्छा के साथ-साथ वह सभी कार्य करने को तत्पर हैं जिससे धनागम हो।

कहने को हम विज्ञान के युग में जी रहे हैं, जिसमें तर्क व प्रमाण की अनिवार्य मान्यता है। परंतु हमारी धार्मिक आस्था इतनी बलवती है कि हम सब कुछ भूलकर इस प्रकार की अनेक भ्रांतियों में फंस जाते हैं। फंसने का मूल है–चलो करके देखते हैं। संभव है कुछ लाभ ही हो जाए। इसी प्रवृत्ति का फायदा भ्रांतिजनक उठाते हैं। मैं आपको एक अपने मित्र की घटना बताता हूं–

मेरे एक मित्र उ.प्र. सरकार में मंत्री हैं। वह मेरे प्रति पूर्णतः आस्थावान हैं। प्रत्येक कार्य करने से पहले मुझसे अवश्य पूछते हैं। एक बार वे अपने लखनऊ प्रवास के समय किसी ज्योतिषी से मिले और ज्योतिषी जी ने फट कालसर्प योग बताया और उसके डरावने परिणाम। बस क्या, मंत्री जी सीधा कालसर्प की पूजा कराने महाकालेश्वर गए और शांति कराने के बाद जब लौटे तो एक सप्ताह बाद उनके पुत्र संतान का स्वास्थ्य खराब हो गया और स्वास्थ्य लगातार गिरता जा रहा था। मंत्री जी एक दिन मेरे पास आए और पुत्र के स्वास्थ्य के विषय में अपनी चिंता प्रकट करने लगे। मैंने पुत्र का जन्मांग देखा और उन्हें कुछ उपाय सुझाया और आश्वस्त कर दिया कि पुत्र का कोई मारकेश नहीं है, वह जल्द ही स्वस्थ हो जाएगा। फिर मंत्री जी से रहा नहीं गया और उन्होंने कहा–

मंत्री जी– गुरुजी! गत दिनों मैं महाकालेश्वर जाकर कालसर्प योग की पूजा कराके लौटा हूं, कहीं ऐसा तो नहीं कि पूजा ठीक से नहीं हुई या पूजा मुझे नुकसान कर रही है, जिसके फलस्वरूप मेरा बालक अस्वस्थ हो गया?

उत्तर– नहीं, पुत्र के जन्मांग में अस्वस्थता के लक्षण हैं, पूजा का कोई दुष्प्रभाव नहीं है। परंतु आप बिना मुझे बताए क्यों चले गए, क्या कोई विशेष परेशानी थी।

मंत्री जी– नहीं गुरुदेव! लखनऊ में एक ज्योतिषी जी ने सब कालसर्प योग के दुष्परिणाम बताए तो मैंने सोचा आप तो मानते ही नहीं, इसलिए मैंने यह निर्णय किया। जिस ज्योतिषी जी ने मुझे बताया था, वे टी.वी. चैनल पर आते हैं। बड़ा ही प्रतिष्ठित ज्योतिषी हैं। मेरे साथ के कई मंत्री व सांसद विधायक उनसे सलाह लेते हैं। (नाम लिखना उचित नहीं)

उत्तर– जब आप जानते हैं कि कालसर्प योग कुछ नहीं होता, तो आपको पूजन कराने की क्या आवश्यकता पड़ गई।

मंत्री जी– आवश्यकता तो कुछ भी नहीं थी, परंतु मैंने सोचा कि यदि जरा सा भी कालसर्पयोग होता है तो पूजन कराने में कोई हानि तो होगी नहीं। मात्र 20-25 हजार रुपए लगे, पूजन भी हो गया और भगवान शिव का दर्शन भी।

उपरोक्त विचार से आप समझ सकते हैं कि वे लोग जो जागरूक हैं या जिन्हें ज्योतिष की जानकारी भी है वो भी भगवान 'शिव' के नाम पर पूजन आसानी से कराते हैं। कुछ यह सोचकर कराते हैं कि चलो करा लेते हैं। यदि होगा तो शांति हो जाएगी नहीं तो पूजन से कोई हानि तो होगी नहीं। ये लोग यह नहीं सोचते कि उन्हीं के कारण ये तथाकथित ज्योतिषी शास्त्र की मर्यादा को कलंकित कर रहे हैं व भ्रांतियां फैलाकर शास्त्र के प्रति लोगों की आस्था को बेच रहे हैं।

भगवान 'शिव' को कालसर्प योग से जोड़ने की भी एक गढ़ी कहानी है, इसके प्रचारकों का तर्क है कि राहु का अर्थ 'काल' होता है व केतु का अर्थ 'सांप'। इसलिए काल व सांप को जो वश में कर सकता है वह महाकाल है, जो भगवान शिव का पर्याय है। शिव सदैव अपने गले में सर्पों की माला धारण करते हैं। अतः सर्पों के अधिपति

भी भगवान शिव हैं। अतः कालसर्प योग को यदि कोई शांत कर सकता है तो वह भगवान शिव। इसलिए कालसर्प योग की शांति में इनका पूजन आवश्यक है। सभी लोग इस कुतर्क के जाल में फंस जाते हैं। यह कोई स्वयं से तर्क नहीं करता कि क्या देवता और ग्रह में कोई भेद है या नहीं? हमारे शास्त्रों के अनुसार ब्रह्मा-विष्णु और महेश क्रमशः समस्त चराचर के उत्पत्तिकर्ता, पालक और संहारक हैं। इन्हें देवता कहा जाता है न कि ग्रह। प्रत्येक ग्रह की शांति हेतु पूजन का मार्ग बनाया गया है। आपने यह कभी नहीं सुना होगा कि ब्रह्मा, विष्णु और महेश की शांति के लिए पूजन किया जाता है। हां, उनके आशीर्वाद प्राप्त करने हेतु अनेक यज्ञ व पूजन के मार्ग बताए गए हैं। यह पूर्णतः स्पष्ट है कि देवता और ग्रह में स्पष्ट भेद है, देवताओं द्वारा ही ग्रहों का संचरण व नियंत्रण होता है, न ही ग्रहों द्वारा देवताओं का।

ज्योतिषियों ने आम जनमानस की धार्मिक आस्था के साथ खिलवाड़ कर राहु व केतु के अर्थ को अनर्थ बनाकर, भगवान शिव के नाम पर धन ऊगाही कर रहे हैं। राहु व केतु की भयानकता को जातक के सम्मुख रखकर उन्हें डराकर, धमकाकर, कालसर्प योग के नाम पर भगवान शिव के प्रति लोगों की आस्था को बेचा जा रहा है। कालसर्प योग की भ्रांति के मकड़जाल में फंसे एक नवयुवक की सत्य घटना का मैं यहां उल्लेख कर रहा हूं–

यह नवयुवक एक दिन मेरे कार्यालय आया और अपना जन्मांग दिखाने के लिए मेरे सहायक से जिद्द करने लगा। मेरा सहायक मेरे पास आया और कहा–एक नवयुवक आया है और अपना जन्मांग आज ही दिखाने की जिद्द कर रहा है। मैंने प्रतीक्षा सूची देखी, अभी चार लोग शेष थे और समय भी रात्रि के नौ बज चुके थे। लिहाजा मैंने सहायक से कहा–युवक को बुधवार को सायं सात बजे बुला लो।

वह युवक बुधवार को सायं 7 बजे उपस्थित हो गया और मेरे कमरे में शिष्टाचार का पालन करते हुए अंदर आया और बैठते ही बोला– पंडित जी, मुझे बस एक ही प्रश्न आपसे करना है, वो भी इसलिए कि मैंने 'फ्यूचर एनालिसिस' नामक ज्योतिष पत्रिका के जुलाई के अंक तथा 'जनसत्ता' नामक हिंदी दैनिक समाचार पत्र में पढ़ा था कि कालसर्प योग ज्योतिष व्यापार का ब्रह्मास्त्र है। इसे आप ही ने लिखा था न!

उत्तर–हां, मैंने ही लिखा था।

जातक– कृपया आप मेरे जन्मांग में बताइए कि कालसर्प योग है या नहीं?

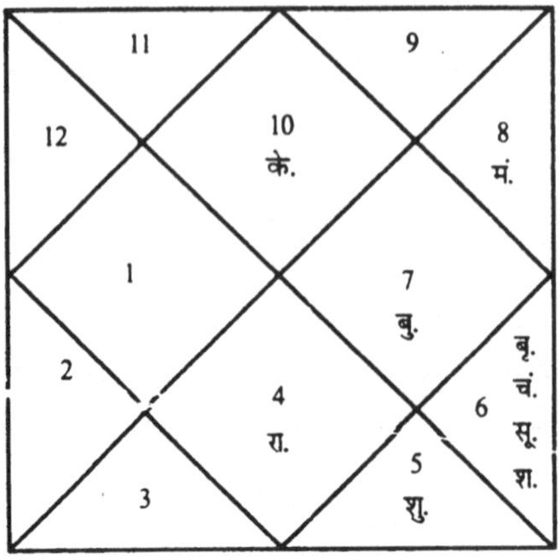

जातक का जन्मांग–

जन्म तिथि : 7.10.1980

जन्म समय : 1.49 दोपहर

जन्म स्थान : गोरखपुर

उत्तर– अभी-अभी तुमने मेरे द्वारा लिखे लेख का उल्लेख किया है तो पुनः इस प्रश्न का कोई औचित्य तो नहीं।

जातक– मैं आपसे कारण जानना चाहता हूं कि यह क्यों नहीं हो सकता? जब देश के सभी बड़े-बड़े ज्योतिषी कहते हैं कि यह योग होता है तो फिर आप इसका विरोध क्यों करते हैं?

उत्तर– मैंने जातक को सौरमंडल में स्थित सभी ग्रहों की कक्षा, परिक्रमण काल व पथ के विषय में विस्तार से बताया तथा राहु व केतु के छाया ग्रह होने का कारण भी। युवक मेडिकल प्रवेश परीक्षा की तैयारी कर रहा था जिसके फलस्वरूप उसे भौतिक विज्ञान की अच्छी जानकारी थी, परिणामस्वरूप युवक सारे तर्कों से अवगत हो, समझ चुका था कि राहु व केतु के बीच सभी ग्रह कदापि नहीं आ सकते। परंतु मैंने उससे उलटा प्रश्न किया–क्या तुम्हें ऐसा लगता है कि सारे ग्रह राहु व केतु के बीच आ जाएंगे या इनकी छाया सभी ग्रहों को प्रभावित करने लगेगी?

जातक–कदापि नहीं। अब मेरे समझ में आ गया कि वास्तव में कालसर्प योग की वास्तविकता क्या है। जिन्हें मैंने जन्मांग दिखाया उन्होंने कहा है कि जब तक कालसर्प योग की पूजा नहीं करवाओगे तब तक तुम्हारा मेडिकल में प्रवेश नहीं होगा व दांपत्य जीवन भी दुखी होगा। जिन ज्योतिषी जी ने मुझे KSY बताया है वह एक प्रसिद्ध ज्योतिषी हैं तथा एक लोकप्रिय अखबार में नित्य लिखते हैं। परंतु पंडित जी, आपका तर्क पूर्णत: वैज्ञानिक है। अत: आपका प्रयास निश्चय ही प्रसंशनीय है।

जातक– पंडित जी, क्या में डॉक्टर बन पाऊंगा? और कब तक मेरा चुनाव हो जाएगा?

उत्तर– मैंने जन्मांग पर विचार किया और देखा कि विद्या का स्वामी ग्रह शुक्र है, जो आसन्न भाव में सूर्य की राशि में बैठा है। चतुर्थेश मंगल भाव में स्वग्रही होकर बैठा है, जो पंचम भाव को देख रहा है तथा चिकित्सा का दूसरा कारक बृहस्पति व चंद्रमा अष्टमेश के साथ त्रिकोण में है, जो पूर्ण चिकित्सक योग है। तुम्हारा चुनाव उम्र के 24वें वर्ष में होगा। किसी पूजा की आवश्यकता नहीं है। हां, पंचमेश के अष्टम भाव में जाने से थोड़ा आत्मविश्वास हीनता व चित्त की अस्थिरता होती होगी, अत: तुम एक 'ओपल' 10 से 12 रत्ती का चांदी की अंगूठी में बनवाकर तर्जनी उंगली में शुक्रवार को सायं धारण कर लेना।

जातक– धन्यवाद! मैं आपका सदैव आभारी रहूंगा।

उत्तर– मैं आशा करता हूं कि अब तुम कालसर्प योग की भ्रांति से बाहर निकलने के बाद पूरे आत्मविश्वास से परीक्षा की तैयारी करोगे।

जातक– निश्चित रूप से करूंगा और यदि आपके प्रयास व आशीर्वाद से मैं चयनित हुआ तो आपका महत्त्वपूर्ण योगदान रहेगा।

उत्तर– जातक पूर्णत: संतुष्ट होने के बाद चला गया। परंतु लगभग 15 दिन बाद वह पुन: कार्यालय आया और मेरे सहायक से समय मांगने लगा। मैंने अपने कमरे से संयोगवश उसे देख लिया। मैंने अपने सहायक को बुलाया और कहा–नीली शर्ट वाला युवक किसलिए आया है? मेरे सहायक ने कहा–वह आज के समय के लिए जिद्द कर रहा है। वह कह रहा है कि मैं मानसिक रूप से बहुत परेशान हूं, मुझे आज ही मिलना है। मैंने सहायक से कहा–क्रमश: बैठे हुए लोगों को पहले भेजो, आखिरी में उस बालक को भेज देना।

जन्मांग देखते-देखते रात्रि के 9.30 हो चुके थे। मैं भी कुछ थकान महसूस कर रहा था, परंतु बालक को लेकर मेरे मन में भी व्यग्रता थी, अतः मैंने बालक को अपने कमरे में बुलाया और बैठने के लिए कहने के उपरांत उससे प्रश्न किया—क्या हो गया? क्या फिर कालसर्प योग के भूत ने तो नहीं पकड़ लिया?

जातक– गुरुजी! मैं मानसिक रूप से बहुत परेशान होने के बाद आपके पास आया हूं। मुझे कुछ गंभीर प्रश्नों का जवाब चाहिए।

उत्तर– बोलो, क्या जानना चाहते हो?

जातक– आपके पास इस बात का क्या बुनियादी प्रमाण है कि कालसर्प योग नहीं होता?

उत्तर– अभी लगभग 15 दिन पहले तुमने यही प्रश्न किया था और मैंने विस्तार से तुम्हें समझाया था और तुमने कहा था कि तुम समझ गए हो।

जातक– देखिए गुरुजी! उस समय मैं आपके तर्कों से प्रभावित हो गया था परंतु अब मुझे सच्चाई नहीं लग रही है।

उत्तर– ध्यान से सुनो! मैं एक प्रयास करने जा रहा हूं, लेकिन ये बताओ कि तुम्हारा इतना शीघ्र विचार बदलने का कारण क्या है?

जातक– इसकी चर्चा मैं बाद में करना चाहता हूं।

उत्तर– मैंने जातक को ज्योतिषशास्त्र के प्रणेताओं से लेकर आज तक के ज्योतिष के विषय में बताया और सौरमंडल में ग्रहों की गति व कक्षा से लेकर उनकी अवस्था के विषय में चर्चा की और स्पष्ट समझाया कि देखो इसी कारण छाया ग्रहों के बीच सभी ग्रहों का आना असंभव है।

जातक– आपके तर्कों व प्रमाणों से तो स्पष्ट है कि राहु व केतु के बीच सभी ग्रह नहीं आ सकते, परंतु क्या ऐसा नहीं हो सकता कि कुछ ऐसे कारण हों जिसे सिर्फ महसूस किया जा सकता हो, तर्क नहीं।

उत्तर– नहीं, कदापि नहीं। क्योंकि ज्योतिष, अनुभव और अनुमान का विषय नहीं है। यह पूर्ण तथ्य पर आधारित पूर्णता का विज्ञान है। इसके प्रत्येक सूत्र, नियम पूर्णतः वैज्ञानिक हैं। अतः महसूस होने से कोई नियम नहीं हो सकता। अनुभूति का अर्थ यह कदापि नहीं कि आप अपने स्वार्थ के लिए नियम बनाएं और अनुभूति के नाम पर भ्रांति फैलाएं।

जातक– कालसर्प योग के अस्तित्व के बारे में देश के लगभग सभी ज्योतिषी हामी भरते हैं व इसके निवारणार्थ पूजन, हवन, कवच, यंत्र आदि का उपाय भी बताते हैं। क्या सभी ज्योतिषी झूठ बोलते हैं? यदि यह कुछ भी नहीं तो देश के हर कोने में इसका प्रचलन क्यों है? आखिर कुछ लाभ होता होगा तभी तो प्रचलन बढ़ रहा है।

उत्तर– देखो बेटा! लोकप्रियता तथा भ्रांति दोनों अलग बात है। कालसर्प योग एक भ्रांति है जो जंगल के आग की तरह फैल रही है और इस आग को हवा देने वाले वे ज्योतिषीगण हैं, जिनका न ही कोई ज्ञान है न अपना कोई विचार। इनका उद्देश्य मात्र धनार्जन का है, मार्ग चाहे कोई भी हो। अनुसरण मानव स्वभाव है। इस क्रम में जब कोई किसी मार्ग की प्रसंशा करता है तो व्यक्ति उस पर चलने के विषय में अवश्य सोचता है। फिर यहां तो कालसर्प योग को शिव के प्रतिबिंब के रूप में प्रचारित व प्रसारित किया जा रहा है, आम जनमानस तो धार्मिक आस्था के कारण पूजन का मार्ग चुन लेता है। तुम स्वयं को देखो, विज्ञान वर्ग के विद्यार्थी हो, परंतु मेरे लाख तर्क व प्रमाण देने पर भी तुम्हारे अंदर से कालसर्प योग की भ्रांति नहीं निकल पा रही है। तो सामान्य व्यक्ति क्यों नहीं फंसेगा इस आग में? यद्यपि तुम्हारा ज्ञान कहता है कि यह संभव नहीं है, पर तुम्हारा दिल मानने को तैयार नहीं।

तुम्हारा दूसरा प्रश्न, ज्योतिष के उन महान ज्ञानियों से संबंधित है जो नित्य किसी न किसी टी.वी. चैनल पर आकर लोगों को उपदेश देते हैं और अपना स्वार्थ सिद्ध करने हेतु कालसर्प योग का वर्णन करते हैं। देखो बेटा! ज्ञान प्रदर्शन का मोहताज नहीं होता, बल्कि ज्ञान परिपक्वता का पायदान है। ज्ञानी व्यक्ति के लिए आवश्यक धर्म यह है कि समाज में अधिक से अधिक लोग इसके ज्ञान का लाभ उठाएं। तुम जिन महान ज्योतिषियों की बात कर रहे हो ये वही ज्ञानी ज्योतिषी लोग हैं जो चौदहवीं लोक सभा चुनाव में श्री अटल बिहारी वाजपेयी को प्रधानमंत्री बना रहे थे, ये वही धनकमाऊ ज्योतिषी हैं जो घटनाओं के होने तथा न होने की भविष्यवाणी एक साथ करते हैं। ये वही ज्योतिष के जानकार हैं जो एक ही विषय पर उत्तर भारत में कुछ और दक्षिण भारत में कुछ और भविष्यवाणियां करते हैं। इनमें कुछ स्टार ज्योतिषी ऐसे भी हैं जिन्हें

जन्मांग बनाने तक नहीं आता, यदि कंप्यूटर खराब हो जाए तो इनका सब ज्ञान समाप्त हो जाएगा। कुछ ऐसे भी ज्योतिषी हैं जिनका यंत्र, तंत्र, कवच, लॉकेट आदि बनाने का कारखाना है, जिसे वे पत्रिकाओं में मुफ्त में तथा दुकानों पर निश्चित शुल्क लेकर बेचते हैं। कुछ ज्योतिषी ऐसे भी हैं जो ऐसा यंत्र, कवच और लॉकेट बना देते हैं, जिसका शास्त्र में कोई वर्णन नहीं है; जैसे– कालसर्प योग दोषहारी यंत्र, ब्लडप्रेशर निवारक कवच, हृदय घात निवारक कवच आदि।

तुम स्वयं यह विश्लेषण कर सकते हो कि ये चमकने वाले ज्योतिषी किन विषयों में ज्ञानी हैं। परंतु पूर्व में ज्योतिषी का ऐसा चरित्र नहीं हुआ करता था, **ज्योतिषियों का आदर व सम्मान उनकी सत्य भविष्यवाणियों से हुआ करता था न कि प्रचार व प्रसार से।** मैं तुम्हें एक और सत्य घटना बता रहा हूं शायद इससे भी तुम्हें आज के मीडिया व समाचारपत्र तथा पत्रिकाओं के स्तर के विषय में अनुमान हो जाएगा। "फ्यूचर एनालिसिस" नामक ज्योतिष पत्रिका के अप्रैल 04 के अंक में मैंने 'दिल्ली की गद्दी ज्योतिष के आईने में' शीर्षक के अंतर्गत यह स्पष्ट रूप से ज्योतिषीय कारण देते हुए लिख दिया था कि अटल बिहारी वाजपेयी पुनः प्रधानमंत्री नहीं होंगे तथा सोनिया गांधी आश्चर्यजनक सफलता प्राप्त करने के बाद भी प्रधानमंत्री नहीं होंगी और चंद्रबाबू नायडू की पुनः वापसी नहीं होगी, और पत्रिका को सभी प्रमुख समाचार पत्रों व पत्रिकाओं के संपादकों तथा टी.वी. चैनलों के प्रमुखों के पास भेज दिया था, परंतु किसी ने हिम्मत नहीं की प्रकाशित करने की, कारण इनके ज्योतिषी जी लोग इसके विपरीत भविष्यवाणी कर चुके थे, अतः मेरे द्वारा की गई भविष्यवाणी न ही प्रकाशित की गई न ही प्रसारित की गई। परंतु सत्य को बहुत दिनों तक छुपाया नहीं जा सकता, परिणाम आने के बाद सभी समाचार पत्र व पत्रिकाओं में प्रमुखता पूर्वक प्रकाशित किया गया–जिनमें कुछ निम्नवत हैं–हिन्दुस्तान टाइम्स, दैनिक जागरण, जनसत्ता आदि। (पृष्ठ 41 पर देखें)

इन तथाकथित ज्योतिषियों के बढ़ते गोरख धंधे का दूसरा कारण है–समाज में फैलता असंतोष, धैर्यहीनता व ज्योतिष विषय के प्रति अशिक्षा। जैसे यदि किसी से यह कहा जाए कि आप नित्य 108 बार महामृत्युंजय का पाठ किया करें तो वह जातक तत्काल प्रश्न करेगा कि

दैनिक जागरण

गुरुवारीय जागरण

गोरखपुर, 22 जुलाई, 2004

सत्य भविष्यवाणी "फ्यूचर एनालिसिस"

जनसत्ता

लखनऊ, 24 जुलाई 2004 11

कालसर्प योग ज्योतिष व्यापार का साधन है : पं. राजेश तिवारी

Hindustan Times

Lucknow, Thursday, May 27, 2004 City

Poll predictions: Gorakhpur research centre hits bull's eye

HT Correspondent
Lucknow, May 26

MOST OF the predictions made by pundits about who will form the new government at the centre fell flat this time.

However, the Astro Investment and Astro Medical Research Centre, Gorakhpur is one of the select few which made correct astrological calculations.

Future Analysis, an astrological magazine published by the research centre, had pointed out much before the final picture emerged after the declarations of Lok Sabha results that in the new Lok Sabha neither Atal Bihari Vajpayee nor Sonia Gandhi would become the Prime Minister.

In its April 2004 issue, Future Analysis had also predicted that the NDA would not be able to cobble up the required majority to form the government. The magazine had further predicted that under Sonia Gandhi's leadership her party would perform excellently even though she herself would not be able to be the PM.

The magazine had further correctly predicted the political future of Chandra Babu Naidu by stating that he would not be able to become the Andhra Chief Minister again, according to Rajesh Tiwari, a well known astrologer.

क्या यह पाठ किसी दूसरे से नहीं कराया जा सकता? क्या आप कोई व्यवस्था नहीं कर सकते? खर्च की परवाह मत करिए, मैं जितना भी पूजन में खर्च होगा दूंगा। बस जातक को स्वयं न करना पड़े, हर उपाय यदि रेडीमेड मिल जाए तो क्या कहने, जातकों की बढ़ती इस प्रवृत्ति के कारण ही तथाकथित ज्योतिषियों का व्यवसाय आज शिखर चूम रहा है। इसी प्रवृत्ति ने समाज में विभिन्न यंत्रों व कवचों की बाजारी बढ़ाने में मददगार हुई।

जातक– पंडिज जी! राहु का अर्थ 'काल' होता है तथा केतु का अर्थ 'सर्प' होता है। तो राहु-केतु का अर्थ कालसर्प हुआ कि नहीं? यह तो ऐसा सत्य है जिसे आपको निश्चित ही मानना चाहिए। इसलिए कालसर्प योग को अस्तित्वविहीन बताना क्या गलत नहीं है?

उत्तर– जातक के इतने वाद विवाद और इस प्रश्न से मुझे अब स्पष्ट हो चुका था कि वास्तव में ऐसी कौन सी बात जातक के मनमस्तिष्क में घर कर गई है, जिसके परिणाम स्वरूप मेरे लाख समझाने पर भी बाहर नहीं आ रही है। मैंने कहा–देखो, राहु का अर्थ काल होता है तथा केतु का अर्थ सर्प होता है, इसमें संदेह नहीं। इसलिए राहु केतु का अर्थ काल-सर्प होगा, यह पूर्णतः सत्य है। परंतु तुम्हारा विषय 'कालसर्प योग' है और योग का अर्थ जोड़ना, संधि आदि होता है। जैसे यदि एक ग्रह के साथ कोई दूसरा ग्रह हो तो इसे ग्रह योग या संधि कहा जाता है। **उदाहरणार्थ–बृहस्पति के साथ यदि चंद्रमा बैठा हो तो गजकेसरी योग होता है। मंगल के साथ चंद्रमा हो तो शशिमंगला योग, सूर्य के साथ बुध हो तो बुधादित्य योग आदि होता है। परंतु राहु से केतु की दूरी सदैव 180^0 की होती है, अर्थात् राहु व केतु कभी भी एक साथ नहीं हो सकते। स्पष्ट है कि किसी भी अवस्था में ये दोनों ग्रह एक राशि में हो ही नहीं सकते हैं। जब राहु-केतु एक साथ नहीं हो सकते तो कालसर्प योग कैसे हो सकता है? अतः यह पूर्णतः कठबैठी बैठाया हुआ मनगढ़ंत योग है, जिसका न ही कोई आधार है न कोई सत्यता।**

जातक– अब मैं पूर्णतया समझ गया हूं कि वास्तव में यह अस्तित्वहीन व बकवास है। इसके संदर्भ में सभी प्रचलित परिभाषाएं कुतर्क पर

आधारित है। समाज में इस भ्रांति को फैलाने वाले मात्र वे ही लोग हैं जिनका ज्योतिष से कोई लेना-देना नहीं है।

पंडित जी! आपने मुझे बहुत समय दिया और मेरे मनमस्तिष्क में प्रवेश कर चुके इस भ्रांति को मिटाया, इसके लिए मैं सदैव आपका आभारी रहूंगा तथा यह निवेदन भी कर रहा हूं कि आप पत्र-पत्रिकाओं के माध्यम से व सम्मेलन द्वारा ज्यादा से ज्यादा इस वैज्ञानिक सत्य का प्रसार करिए जिससे लोग इससे बच सकें।

उत्तर– मेरा प्रयास अनवरत जारी है और सदैव जारी रहेगा। परंतु तुमने अभी तक यह नहीं बताया कि कालसर्प योग का भूत तुम्हारे सर से उतरने के बाद फिर कैसे चढ़ा?

जातक–पंडित जी! मैं आपको पूरा वृत्तांत सुनाता हूं जो अब मेरी हार्दिक इच्छा भी है। मैं गोरखपुर से कानपुर गया। वहां एक ज्योतिष संस्थान है, जहां एक बड़े ख्यातिलब्ध ज्योतिषी हैं (नाम लेना उचित नहीं)। वहां, मेरे जीजाजी रहते हैं। मैंने बी.एससी. पूरा करने के बाद 2000 में कानपुर चला गया और लगातार मेडिकल प्रवेश परीक्षा देता रहा परंतु असफल रहा। मेरे जीजाजी मेरी असफलता से परेशान होकर पंडित जी के पास गए, पंडित जी ने मेरी जन्मतिथि, जन्म समय, जन्म स्थान पूछा और कंप्यूटर से जन्मांग निकालकर प्रश्न किया–(1) क्या पढ़ाई में एकाग्रता का अभाव लगता है? (2) किए गए परिश्रम का फल नहीं मिलता? मैंने जवाब में हां कहा, बस इतना पूछने के बाद पंडित जी बोले–तुम्हारे जन्मांग में कालसर्प योग है, जिसके फलस्वरूप भाग्य अच्छा होने के बाद भी साथ नहीं दे रहा है। अत: सर्वप्रथम इसके शांति का उपाय करना होगा, जब तक उपाय नहीं होगा, सफलता नहीं मिलेगी। ये बातें सुनकर मैं चिंतित हो गया। मैं शुरू से ही डॉक्टर बनने का सपना देखता रहा हूं। मैंने जीजाजी की तरफ देखा। जीजाजी ने पंडित जी से कहा–गुरुदेव! उपाय बताइए। पंडित जी बोले–इसे तत्काल कालसर्प दोषहारी कवच धारण कराओ और पूजन करा दो। बालक अच्छा है, दोष समाप्त होने के बाद सफलता मिलने लगेगी। जीजाजी ने रुपए 1101 में कवच लिया और मैंने गले में धारण किया। मैं कोचिंग बंद होने के बाद गोरखपुर अपने घर आ रहा था। ट्रेन में मुझे एक सज्जन मिले। उन्होंने आपकी बहुत तारीफ की, सो मेरे मन में आपसे

मिलने की इच्छा हुई। जब मैं गोरखपुर स्टेशन पर उतरा तो जनसत्ता दैनिक समाचार पत्र में लेख देखा–"कालसर्प योग ज्योतिष व्यापार का ब्रह्मास्त्र है"– पंडित राजेश तिवारी। यह पढ़ने के बाद मैं विचलित हो गया और मन में आपसे मिलने का निश्चय कर लिया। फलस्वरूप मैं प्रथम बार जब आपसे मिला और तर्क सुना तो मुझे यह योग फ्रॉड लगने लगा, परंतु 4-5 दिन व्यतीत होने के बाद मेरा मन संशय में पड़ गया कि आप सही कह रहे हैं या कानपुर वाले पंडित जी, फलस्वरूप मैं कानपुर वाले पंडित जी से मिलने का निश्चय किया और कानपुर चला गया। वहां पहुंचकर मैंने पंडित जी को आपके तर्क से अवगत कराया परंतु अभी मैं अपनी बात पूरी कर पाता पंडित जी क्रोधित हो गए। उन्होंने कहा, "देखो बालक! मेरे पास इतना समय नहीं कि मैं तुम्हारे तर्कों का उत्तर दूं और हाथ से जन्मांग बनाकर भविष्यफल कहूं। बड़े-बड़े मंत्री, सांसद, अधिकारी और उद्योगपति लाइन लगाते हैं। मैं रुपये 1101/- के लिए इतना तर्क नहीं कर सकता। तुम, अपना पैसा वापस ले लो।" पंडित जी ने तत्काल अपने किसी कर्मचारी को बुलाया और बोले–इससे कालसर्प योग दोषहारी कवच वापस ले लो और 40% पैसा काटकर शेष वापस कर दो। तत्काल वह कर्मचारी रुपए 660/- वापस लाकर मुझसे कवच वापस करने को कह ही रहा था कि पंडित जी ने मेरी तरफ देखा। मैं तो किंकर्तव्यविमूढ़ की अवस्था में था, और तत्काल उन्होंने कर्मचारी की तरफ इशारा करके बोला–क्या तुम्हारा लड़का होता तो तुम उसके गले से कवच उतरवा लेते? बालक को समझाओ। यह कहकर पंडित जी ने मुझे अपने पास बुलाकर बैठाया और कालसर्प योग के विषय में अनेक तर्क दिए, जिसे मैं एक-एक करके आपसे पूछा और परिणामस्वरूप मैं पुनः आपके सामने हूं। परंतु पंडित जी अब मैं दुबारा कालसर्प योग के लिए आपके पास नहीं आऊंगा। मैं अब पूर्णतः संतुष्ट हूं। अब मुझे आज्ञा दीजिए। प्रणाम।

उत्तर–यशस्वी भव।

वह बालक वर्ष 2004-05 की संयुक्त मेडिकल परीक्षा में सफल हुआ व वर्तमान में के.जी.एम.सी. मेडिकल कॉलेज में प्रथम वर्ष का विद्यार्थी है।

❑❑❑

4

'राहु-केतु' का महत्त्व

भारतीय ज्योतिष में भूत, वर्तमान तथा भविष्य की जानकारी के लिए जहां ग्रहों के बलाबल, उनकी दृष्टि व योग को महत्त्व दिया गया है, वहीं ग्रहों द्वारा प्रभावित की जाने वाली दशाओं का भी विशेष महत्त्व बताया गया है। फलादेश करने के लिए दशाओं के विभिन्न मार्ग जैसे–योगिनी, अष्टोत्तरी, विंशोत्तरी आदि की गणना की जाती है, परंतु महर्षि पराशर के अनुसार विंशोत्तरी दशा की पद्धति न केवल पूर्णतः सत्य है वरन पूर्ण वैज्ञानिक भी। इस पद्धति में काल पुरुष की कुल आयु 120 वर्ष मानी जाती है, जिसमें सूर्य 6 वर्ष, चंद्रमा 10 वर्ष, मंगल 7 वर्ष, राहु 18 वर्ष, बृहस्पति 16 वर्ष, शनि 19 वर्ष, बुध 17 वर्ष, केतु 7 वर्ष व शुक्र 20 वर्ष की आयु ली जाती है। जिसमें अकेले राहु तथा केतु का कुल योग काल 44 वर्ष 9 माह 15 दिन का लिया जाता है, जो कुल विंशोत्तरी दशा (120 वर्ष) का लगभग 37% है। इससे यह तथ्य तो पूर्णतः प्रासंगिक व यथार्थ है कि राहु व केतु का व्यक्ति विशेष पर गहरा प्रभाव पड़ता है। इसी प्रभाव को समझाने के लिए हमारे प्रणेताओं ने राहु व केतु के फल का विस्तार से वर्णन किया है।

शास्त्रों में इतना महत्त्वपूर्ण स्थान रखने वाले ये छाया ग्रह आखिर क्यों इतने प्रभावशाली होते हैं, यह विषय वास्तव में अनुसंधान का है, परंतु मेरी दृष्टि में इनके महत्त्वपूर्ण स्थान व फलदायी स्थिति को समझने के लिए हमें निम्न दो पंक्तियों पर ध्यानपूर्वक विचार करना चाहिए।

(i) सूर्यात्माजगतश्चक्षुः।

(ii) चन्द्रमा मनसोजातः।

अर्थात सूर्य संपूर्ण चराचर की आत्मा है, सूर्य द्वारा ही हमें

जीवन जीने के लिए आवश्यक ऊर्जाएं प्राप्त होती हैं। सूर्य से ही सृष्टि है, अतः बिना सूर्य के जीवन की कल्पना असंभव है। दूसरी तरफ चंद्रमा है, जो पृथ्वी का प्राकृतिक उपग्रह है। और सूर्य के प्रकाश से लगातार प्रकाशित होकर मन-मस्तिष्क को नियंत्रित करता है। सारांश यह कि ऊर्जा या बल का कारक सूर्य व मन का कारक चंद्रमा है। तथा राहु व केतु इन्हीं सूर्य व चंद्र मार्गों के कटान के प्रतिच्छेदन बिंदु हैं, जिसके कारण न केवल सूर्य व चंद्र की मूल प्रकृति, अपितु इनकी छाया में आने वाले प्रत्येक ग्रह की मूल प्रकृति व गुणता में परिवर्तन आ जाता है। जिसके कारण राहु व केतु को हमारे पौराणिक शास्त्रों में विशेष स्थान प्रदान किया गया है। यही नहीं ज्योतिष शास्त्र में इन्हें पाप ग्रह की संज्ञा भी दी गई है और साथ ही साथ इन्हें राजयोगकारी भी बताया गया है। जैसे ज्योतिष फलादेश के मूल में कहा गया कि यदि राहु लग्न या चंद्र से तीसरे, छठे या एकादश भाव में हो तो जातक को धैर्यवान, ऊर्जावान, पराक्रमी, शत्रुहंता, धनदायी व नौकर-चाकर के सुख से युक्त रखता है। वही यदि राहु लग्न में, चतुर्थ में, सप्तम में, अष्टम में या द्वादश भाव में हो तो कष्टकारी परिणाम देने वाला होता है। निश्चय ही राहु व केतु सामान्यतः अन्य ग्रहों की तरह परिणाम प्रदान करने वाले होते हैं। कहीं लाभकारी है तो कहीं नुकसानदायी भी। परंतु इनके नाम पर कालसर्प योग बताकर लोगों को भयभीत कर उनसे धनदोहन करना पूर्णतः अपराध है।

आपने अनुभव किया होगा कि सामान्य जीवन में सूर्य द्वारा प्राप्त होने वाली ऊर्जा के मार्ग में जब कोई रुकावट आती है तो व्यक्ति विशेष के अनुसार वह अच्छी व खराब लगती है। जैसे ग्रीष्म काल में दोपहर में सामान्यतः सूर्य किरणों की उष्णता सबको दुखित करती है परंतु यदि कोई मरीज हो और उसे ठंड लग रही हो तो वही उष्णता उसे अच्छी लगेगी, सामान्य व्यक्ति को प्रचंड गर्मी में यदि छाया मिल जाए तो वह सुख से निहाल हो जाएगा, परंतु शरद ऋतु में सामान्यतः प्रत्येक स्वस्थ व्यक्ति अधिक से अधिक समय सूर्य के सीधे संपर्क में बिताना चाहेगा। ठीक इसी प्रकार मात्र राहु

व केतु को देखते ही जनसामान्य को इसके दुष्परिणाम गिनाना व उपाय का मार्ग बताना शास्त्र विरुद्ध है।

आप स्पष्ट समझ सकते हैं कि जिस तरह ज्योतिष शास्त्र में सूर्य और चंद्रमा को महत्त्व दिया गया है (इन्हें ग्रहों का राजा कहा जाता है) ठीक उसी प्रकार इनके पातक विंदु (प्रतिच्छेदन) को भी अति महत्त्वपूर्ण माना गया है। क्योंकि इनका उद्भव ही सूर्य व चंद्रमा का प्रतिफल है। यही कारण है कि हमारे महर्षियों ने न केवल छाया ग्रहों को महत्त्व दिया वरन उनकी प्रत्येक अवस्था का विस्तार से वर्णन किया है। परन्तु यहां यह ध्यान अवश्य रखिए कि राहु व केतु के महत्त्व का तात्पर्य कालसर्प योग कदापि नहीं है।

जन्मांग में राहु व केतु की अवस्था पर विचार करना, ज्योतिषी की विद्वता पर निर्भर करता है। प्रायोगिक रूप में यह देखा गया है कि हजारों बार जातकों को उनके कारकं ग्रह, इतने लाभकारी परिणाम नहीं दे पाते जितना राहु व केतु दे जाते हैं। राहु व केतु के किसी भी ग्रह के साथ एक राशि में पड़ने का यदि सकारात्मक परिणाम हो सकता है तो नकारात्मक भी। इसीलिए इनके द्वारा विभिन्न भावों में बैठने की स्थिति, इनके द्वारा बनने वाले योग, इनकी दशाओं का सही फल आदि के विषय में महर्षियों ने विस्तार से चर्चा की है। आगे के उदाहरणों में मैंने स्पष्ट रूप से विवेचना की है कि कैसे राहु व केतु की दशाओं में एक सामान्य व्यक्ति सफलता के शिखर पर पहुंचा।

❑❑❑

5

सामूहिक कालसर्प योग शांति पूजन का प्रचलन

कालसर्प योग नामक भ्रांति को जंगल की आग की तरह फैलाकर आज कालसर्प योग वाले ज्योतिषीगण इसकी शांति हेतु पूजन का मार्ग भी फैला रहे हैं। यह पूजन भी व्यक्ति विशेष की कद, जेब के वजन के अनुरूप कराई जा रही है। जैसा कि मैं पहले ही लिख चुका हूं कि इसके लिए ज्योतिषियों ने भगवान शिव को चुना है क्योंकि वे सर्पभूषण के लिए प्रसिद्ध हैं। भगवान शिव को काल का प्रतीक माना जाता है तथा राहु का अर्थ काल होता है व शिव का शृंगार सर्प है जिसे केतु कहा जाता है। इस कठबैठी को बैठाकर ज्योतिषीगण, भगवान भोलेनाथ, सदाशिव के प्रति जन आस्था को बेच रहे हैं।

भारतीय संस्कृति व शास्त्र में ब्रह्मा को सृष्टिकर्ता, नारायण को पालनहार तथा शिव को संहारकर्ता के रूप में जाना जाता है। ज्योतिष शास्त्र में प्रतिकूल ग्रह, गोचर व दशा के निवारणार्थ विभिन्न पूजन के मार्ग बताए गए हैं, जिसमें ग्रह पूजन से लेकर देव व देवी पूजन सम्मिलित है। इसमें कोई संदेह नहीं कि यदि निष्ठापूर्वक व नियमपूर्वक पूजन किया जाए तो कल्याणकारी परिणाम प्राप्त होता है। परंतु इस अस्तित्वविहीन योग के शांति के पूजन की पद्धति का कहीं भी उल्लेख नहीं है। आजकल कालसर्प योग वाले ज्योतिषीगण, अपने इच्छानुसार किसी का भी राहु व केतु का पूजन करा रहे हैं व किसी का भगवान शिव का।

यह पूजन का कार्य यहीं नहीं रुका, व्यक्ति विशेष के लिए पूजन

से जब धनार्जन उतना नहीं हो पाया तो इन ज्योतिषी गणों ने धनार्जन का नया मार्ग अपना लिया। इसके अंतर्गत सामूहिक पूजन का चलन प्रचलन में आ गया है। इस सामूहिक पूजन के क्रम में ज्योतिषी लोग, पीड़ित व्यक्ति को इस पूजन में भाग लेने के लिए पहले से भव्य विज्ञापन देते हैं। इस विज्ञापन में पूजन शुल्क का जमा होना, पंजीकरण की अर्हता आवश्यक बताई जाती है व इस पूजन के लिए इन ज्योतिषियों ने नागपंचमी को चुना है। क्योंकि 'नाग' शब्द इस त्यौहार से जुड़ा है। अतः इनकी कठबैठी में यह दिन उत्तम है। पूरे वर्ष ज्योतिषी लोग जातकों का जन्मांग, हाथ, अंक विद्या आदि द्वारा कालसर्प योग बताते हैं व पूजन के लिए पंजीकरण के नाम पर भिन्न-भिन्न मूल्य की रशीदें काटी जाती हैं। एक भी ऐसा व्यक्ति नहीं जो यह कहने की हिम्मत करे कि यह बकवास है। इस पूजन में न ही व्यक्ति विशेष की ग्रह शांति हो सकती है न ही किसी भी प्रकार यह पूजन शास्त्र सम्मत है। बस प्रत्येक व्यक्ति तमाशा देखता है। हर व्यक्ति स्वयं में इतना व्यस्त है कि उसे दूसरे की परवाह ही नहीं, जिसके फलस्वरूप इन तथाकथित ज्योतिषियों का ईश्वर के नाम पर व्यवसाय सर चढ़ रहा है।

यहां सर्वाधिक महत्त्वपूर्ण प्रश्न यह है कि क्या हम सबकी कोई जिम्मेदारी नहीं है इसे रोकने की? या लोगों को इसकी वास्तविकता बताने की? आखिर हम कब तक शास्त्र व धर्म का दुरुपयोग होता देखते रहेंगे। यह सत्य है कि यदि हम सबने अपनी जिम्मेदारियों का निर्वहन नहीं किया तो वह दिन दूर नहीं जब हमारी अपनी पीढ़ियां ही ज्योतिष शास्त्र को बकवास कहने लगेगी और वह दिन राष्ट्र, ज्योतिष व शास्त्र के लिए काला दिवस होगा। मानव कल्याण के लिए ईश्वर प्रदत्त यह पावन विज्ञान, आज सरे आम बिक रहा है। कोई कालसर्प के नाम पर बेच रहा है। कोई श्री यंत्र, महामृत्युंजय यंत्र, सम्मोहन यंत्र, धनवृद्धि यंत्र आदि-आदि के नाम पर। यदि इसी तरह यह बाजारवाद चलता रहा तो निश्चय ही इसकी प्रासंगिकता को ग्रहण लगना अवश्यंभावी है। हमें किसी के धन से कुछ लेना देना नहीं है। दुनिया में बहुत लोग धनवान हैं और बहुत गरीब भी। धनवान और निर्धन दोनों का आना जाना लगा रहता है। परंतु खेद मात्र इतना है कि मानव कल्याण के स्थान पर इस

शास्त्र का दुरुपयोग हो रहा है, जो बहुत गंभीर विषय है। धन दोहन व सामूहिक पूजन कराने के मार्ग का एक यथार्थ उदाहरण देखिए–

(एक पत्रिका में प्रकाशित विज्ञापन का अंश)

कालसर्प योग शांति यज्ञ में भाग लेने हेतु विवरण

मैं दिल्ली में नागपंचमी के अवसर पर प्रस्तावित कालसर्प योग शांति यज्ञ में भाग लेना चाहता हूं। मेरा विवरण इस प्रकार है–

नाम	:	....
पिता का नाम	:	....
गोत्र/जाति	:	....
जन्म स्थान	:	....
जन्म समय	:	....
जन्म लग्न	:	....
वर्तमान पता	:	....

....

1. मैं इस यज्ञ में स्वयं उपस्थित रहूंगा।
2. मेरी ओर से श्री/श्रीमती/कु .... इस यज्ञ में भाग लेंगे।
3. कृपया मेरे लिए उपयुक्त ब्राह्मण परिवार की व्यवस्था करें। मैं स्वयं उपस्थित हो सकने में असमर्थ हूं।
4. यज्ञ के पश्चात् कालसर्प योग शांति यंत्र, रुद्राक्ष माला तथा अन्य सामग्री कृपया मेरे उपरोक्त पते पर भेज दें।
5. मैं आपके नाम 1500.00/2100.00 रुपए का बैंक ड्राफ्ट भेज रहा हूं।

आप इस विज्ञापन को ध्यान से पढ़िए और सोचिए कि क्या यह लोगों से धन ऊगाही करने का रचा गया षड्यंत्र नहीं है? क्या विज्ञापन की लाइनें यह स्पष्ट नहीं कर रही हैं कि 1500 रुपये जमा करना अति आवश्यक है। पूजा में आपकी उपस्थिति हो या नहीं, यह मुख्य विषय नहीं है। आपके स्थान पर यदि कोई दूसरा भी आपका प्रतिनिधि पहुंच

जाए तो भी कालसर्प की शांति पंडितजी कर देंगे, परंतु पैसा अवश्य जमा होना चाहिए।

यदि इस सामूहिक पूजन के व्यापारिक पक्ष पर नजर डालें तो यदि दस हजार लोग पूरे भारत से अपना पंजीकरण कराएं, (मैंने कम से कम संख्या ली है, संपूर्ण भारत से लगभग लाखों लोग पंजीकरण कराते हैं) तो प्रति व्यक्ति 1500 रुपया के हिसाब से कुल धन 1500×10000= 15000000, अर्थात एक करोड़ पचास लाख रुपए का व्यापार एक दिन में होता है और बड़े-बड़े शहरों में अनगिनत स्थान पर इस दिन पूजन का आयोजन होता है। इस पूजन पर न ही कोई सामाजिक प्रतिबंध है न ही कोई कानूनी प्रतिबंध। धड़ल्ले से ये कालसर्प योग वाले ज्योतिषी, लोगों को डराकर, भ्रांति फैलाकर अपना उल्लू सीधा कर रहे हैं।

देखिए, यह कैसा विचित्र सत्य है, कि जिस भारत की आत्मा ही धर्म है, वही कुछ स्वार्थी जनों के द्वारा धर्म के नाम पर, ज्योतिष के नाम पर, प्रगति के नाम पर, धर्म और शास्त्र दोनों को कलंकित किया जा रहा है।

दुनिया के किसी भी शास्त्र में किसी ने यह नहीं पढ़ा होगा कि **फलां देवता, ऋषि, मुनि ने किसी विशेष खराब ग्रह स्थिति से बचाव के लिए आर्थिक पंजीकरण कराकर पूजन कराया हो और अपने हजारों पंजीकरणकर्ताओं को आशीर्वाद दिया हो कि जाओ, तुम्हारे प्रारब्ध के अमुक दोष को तुम्हारी न्यौछावर से प्रसन्न हो मैं अपनी आध्यात्मिक शक्ति द्वारा समाप्त कर रहा हूं। आप अपना संपूर्ण धार्मिक शास्त्र पढ़ने के बाद भी इतना आलौकिक पूजा का उदाहरण नहीं पाइएगा।**

आप अपने शास्त्रों में यह अवश्य पाएंगे कि प्राकृतिक आपदा जैसे सूखा, बाढ़, महामारी आदि से बचाव के लिए सामूहिक पूजन का प्रावधान बनाया गया है। परंतु इस सामूहिक पूजन में जनकल्याण का भाव होता है न कि पंजीकरण राशि का। यदि आप आज के पूजन प्रचलन व शांति की विधि को गंभीरतापूर्वक सोचें तो यह स्पष्ट हो जाता है कि आने वाले दिनों में कालसर्प योगी पंडित सभी समस्याओं के समाधान के लिए पहले पंजीकरण कराएंगे और फिर सामूहिक पूजन।

जैसे **देश-विदेश में जितने लोगों को संतान नहीं, उन सबके लिए गोपालवंश का पूजन, विभिन्न रोगों से ग्रस्त लोगों के समाधान के लिए महामृत्युंजय पूजन, धनहीन लोगों के लिए महालक्ष्मी का पूजन आदि।** क्या आपको ऐसा लगता है कि समस्त संतानहीन जातकों के लिए पंडित जी के पूजन करा देने के बाद सबको संतान हो जाएगा, सबका रोग समाप्त हो जाएगा या सब धनवान हो जाएंगे?

इतना बड़ा शास्त्र के साथ मजाक वह भी मात्र धन कमाने के लिए और हमारे ही देश में जो धर्म के लिए जाना जाता है। इतना कुछ होने के बाद भी हम चुप हैं, हमारी चुप्पी की बिमारी यदि ज्यादा समय तक चली तो अनर्थ निश्चित है। हमें इस अनर्थ को रोकना होगा, लोगों के अंदर भ्रांतियों के प्रति जागरण पैदा करना होगा, हमें ईश्वर व धर्म के नाम पर व्यापार करने वालों को यह बताना होगा कि उनका मार्ग सर्वनाश की तरफ जाता है, अतः बंद करो।

मेरा व्यक्तिगत प्रयास जारी है। मैं लोगों को कालसर्प योग व अन्य ज्योतिषीय भ्रांतियों के विषय में समझाता रहता हूं कि देखो, यह सत्य नहीं है। कुछ लोग यह भी कहते हैं कि आप ही सबसे बड़े ज्योतिषी हैं? अमुक इतने बड़े ज्योतिषी हैं। वो कहते हैं कि कालसर्प योग सत्य है तो सत्य ही होगा, कुछ मेरी बात सुनते हैं और समझ में आने के बाद उन्हें वास्तविकता का ज्ञान होता है। उस समय मेरे हर्ष की सीमा नहीं होती। मैं प्रभु को धन्यवाद देता हूं कि उसकी कृपा से आज मैं एक भटकते व्यक्ति की भ्रांति समाप्त करने का प्रयास कर पाया हूं।

इस पुस्तक के माध्यम से मेरा यह प्रयास है कि परमपावन, सत्य विज्ञान जो अपने में पूर्ण पूर्णता समाहित किया हुआ है परम कल्याणकारी, वेद नेत्र, ज्योतिष पूर्णतः सुरक्षित रहे। आने वाली पीढ़ियां इसे पढ़ें और प्रकाश फैलाएं।

❑❑❑

6

प्रचलित परिभाषा व प्रकार

आज हमारे समाज में कालसर्प योग को फैलाने वाले ज्योतिषियों के अनुसार जब सारे ग्रह व केतु के बीच में आ जाते हैं या राहु व केतु के एक तरफ सारे ग्रह आ जाते हैं तो उसे कालसर्प योग कहा जाता है। यह एक भयानक योग है जो पूर्व जन्म के श्रापों तथा पापों के फलस्वरूप मिलता है, जिसके परिणामस्वरूप जातक का भाग्य साथ नहीं देता, न ही वह प्रगति कर पाता है, उसे सदैव परिश्रम से कम फल प्राप्त होता है, बेरोजगारी उसका पीछा नहीं छोड़ती। यदि मुश्किल से रोजगार मिल भी जाए तो नाना प्रकार की बाधाएं आती हैं। जातक को वैवाहिक जीवन का सुख प्राप्त नहीं होता। यदि विवाह देर से हो भी जाए तो पति-पत्नी में सदैव मनमुटाव बना रहता है। जातक सदैव कर्ज में डुबा रहता है। संतान नहीं होती। यदि बमुश्किल संतान हो भी जाए तो मात्र कन्या संतान ही होती है। लाख कमाई के बाद घर में बरकत नहीं होती, घर में सदैव अशांति रहती है। जातक शारीरिक व मानसिक रूप में सदैव परेशान रहता है। लाख इलाज के बाद भी कुछ न कुछ अस्वस्थता बनी रहती है। सदैव दुर्घटनाएं होती हैं। सामाजिक प्रतिष्ठा भी गिरती जाती है। ऐसे में जीवन व्यर्थ लगने लगता है। जीवन से मोह भंग होने के कारण, अंत में जातक आत्महत्या का प्रयास करता है। उपरोक्त वर्णित समस्याएं, लगभग जीवन के प्रत्येक आम समस्या को स्पर्श करती है। शायद ही कोई ऐसा हो, जिसको उपरोक्त समस्या में कोई समस्या आंशिक या पूर्ण रूप में न दिखलाई देती हो। यदि जीवन है तो समस्या भी है। यह एक परम सत्य है। परंतु कालसर्प योग के प्रचारकों ने जीवन की प्रत्येक समस्या को इसका परिणाम बताकर लोगों को भयाक्रांत कर रखा है।

यदि आप विचार करें कि उपरोक्त दुखों के कारण की जड़ को यदि कालसर्प योग बताया जाए, तो कौन है जो इन ज्योतिषियों के जाल में नहीं आ जाएगा और इनके द्वारा बताए गए उपाय जैसे पूजा, कवच, यंत्र, अंगूठी को नहीं अपनाएगा।

कालसर्प योग का भय और इसकी परिभाषा को यहां भी विराम नहीं लगा। ज्योतिषियों ने बकायदा कठबैठी बैठाकर सबको प्रभावित करने का प्रयास भी किया है। जब इतना भयानक यह योग है तो स्पष्टत: यह कई प्रकार का होगा, कम से कम जन्मांग में जहां-जहां राहु व केतु के होने से यह मायावी योग बताया जा सकता है, उतने प्रकार का तो अवश्य होना चाहिए। राहु लग्न से द्वादश स्थान तक **12 (बारह) राशियों में रह सकता है व केतु भी लग्न से द्वादश 12 (बारह) राशियों में रह सकता है, अर्थात एक लग्न में कुल 24 प्रकार के कालसर्प योग हो सकते हैं। अत: द्वादश लग्न में कुल $24 \times 12 = 288$ प्रकार के कालसर्प हो सकते हैं।** सारांश यह कि कुल 288 प्रकार की समस्या हो सकती है। जबकि यदि कालसर्प योग के ग्रंथकारों से यह पूछा जाए कि 288 प्रकार की कौन-कौन सी समस्या हो सकती है जरा गिना दीजिए, तो 40-45 समस्या गिनाते-गिनाते ढेर हो जाएंगे, परंतु कपोल कल्पना का कोई अंत नहीं होता और उसी का परिणाम यह कालसर्प योग का प्रकार है।

इस मनगढ़ंत योग का प्रसार व प्रचार करने वाले व्यापारी अपने धनार्जन की कला में इतना प्रवीण हैं कि यदि आप इनसे कहें कि मुझे कोई समस्या नहीं, तो ये तत्काल कालसर्प योग के लाभकारी परिणाम का गुणगान करना प्रारंभ कर देंगे और यदि आपको जीवन में कोई परेशानी है तो इनकी पौ बारह समझिए। अर्थात इनका कालसर्प योग प्रत्येक अवस्था में प्रभावी है; जैसे–

- यदि आप राष्ट्रपति हैं तो वाह रे लाभकारी कालसर्प योग।
- यदि आप प्रधानमंत्री हैं तो वाह रे लाभकारी कालसर्प योग।
- यदि आप सफल अधिकारी हैं तो वाह रे लाभकारी कालसर्प योग।
- यदि आप उद्योगपति हैं तो वाह रे लाभकारी कालसर्प योग।

- यदि आप अभियंता हैं तो वाह रे लाभकारी कालसर्प योग।
- यदि आप चिकित्सक हैं तो वाह रे लाभकारी कालसर्प योग।
- यदि आप व्यापारी हैं तो वाह रहे लाभकारी कालसर्प योग।
- यदि आप किसी भी प्रकार के कार्य में सफल हैं तो वाह रहे लाभकारी कालसर्प योग।

  दूसरी तरफ इसका नकारात्मक पक्ष है जो मुख्य रूप से इनका शस्त्र है, जैसे–

- यदि आपको शारीरिक रोग है तो यह भयानक कालसर्प योग के कारण।
- यदि आपको मानसिक रोग है तो यह भयानक कालसर्प योग के कारण।
- यदि आप बेरोजगार हैं तो यह भयानक कालसर्प योग के कारण।
- यदि आपका प्रमोशन नहीं हो रहा है तो यह भयानक कालसर्प योग के कारण।
- यदि आपके पास पैसा नहीं बच रहा तो यह भयानक कालसर्प योग के कारण।
- यदि आपको पारिवारिक असंतोष है तो यह भयानक कालसर्प योग के कारण।
- यदि आपके बच्चों के विवाह में विलंब हो रहा है तो यह भयानक कालसर्प योग के कारण।
- यदि दांपत्य जीवन में असंतोष है तो यह भयानक कालसर्प योग के कारण।
- यदि संतान नहीं हो रहा है तो यह भयानक कालसर्प योग के कारण।
- यदि मात्र कन्या संतान है तो यह भयानक कालसर्प योग के कारण।
- यदि मकान नहीं बन रहा है तो यह भयानक कालसर्प योग के कारण।
- यदि आप विदेश नहीं जा रहे हैं तो यह भयानक कालसर्प योग के कारण।
- यदि शत्रु बढ़ रहे हैं तो यह भयानक कालसर्प योग के कारण।
- आपका बच्चा नहीं पढ़ रहा है तो यह भयानक कालसर्प योग के कारण।

- आपको चोट लग गई है तो यह भयानक कालसर्प योग के कारण।

आदि-आदि प्रकार की समस्त परेशानी का मूल कालसर्प योग को बताया जा रहा है।

लग्न से द्वादश भाव तक राहु के रहने के कारण बनने वाले कालसर्प योग को सुनियोजित संस्कृत के नामों से अलंकृत किया जा रहा है। इन अलंकृत कालसर्प योग के मुख्य प्रकार व दुष्परिणाम निम्नवत हैं प्रसारित-प्रचारित किए जा रहे हैं–

1. **अनंत कालसर्प योग** : जब राहु लग्नगत हो तथा केतु सप्तम में हो और इसके मध्य या एकतरफ सारे ग्रह स्थित हों तो यह योग बनता है। **फल–**

i. जातक को सदैव अशांति रहती है।
ii. जातक नीच बुद्धि, कपटी, चालबाज, दुष्चरित्र वाला होता है।
iii. विवाद में सदैव उलझा रहता है।
iv. जातक का जीवन थाना, कचहरी के चक्कर में बितता है।
v. बार-बार व्यवसाय बदलता है तथा हानि उठाता है।
vi. गृहस्थ जीवन नरक तुल्य होता है।

2. **कुलिक** KSY : द्वितीयस्थ राहु तथा अष्टमस्थ केतु के बीच जब सारे ग्रह स्थित होते हैं तो कुलिक नामक KSY होता है।

फल–

i. स्वास्थ्य में निरंतर गिरावट आती है, भविष्य को लेकर जातक सदैव चिंतित रहता है।
ii. गुर्दे की बीमारी, मूत्र रोग, वीर्य रोग सदैव होता रहता है।
iii. पति-पत्नी के सुख में कमी रहती है, सदैव एक दूसरे से अलग रहने का कष्ट उठाना पड़ता है।
iv. आय से अधिक व्यय के कारण सदैव तंगी बनी रहती है।
v. पिता की मृत्यु अल्पायु में होती है।
vi. अपयश, अनादर, उपेक्षा के दौर से गुजरना पड़ता है।

3. **वासुकी** KSY : समस्त ग्रह जब तृतीय भाव के राहु व नवम के केतु के बीच पाए जाते हैं तो यह योग बनता है।

फल–

i. भाग्योदय में अनेक बाधाएं आती हैं।
ii. जातक को घर से दूर रहने पर बहुत कष्ट उठाना पड़ता है।
iii. भाई-बहन व अन्य परिवार से लगातार कष्ट मिलता है।
iv. दांपत्य जीवन में सदैव कटुता बनी रहती है।
v. जातक की ईश्वर के प्रति आस्था नहीं होती।
vi. जीवन में भाग्योदय में बहुत बाधाएं आती हैं व जातक अंदर से टूट जाता है।

4. शंखपाल KSY : जब जन्मांग में सारे ग्रह चतुर्थ भाव के राहु तथा दशम भाव के केतु के बीच हो तो इस योग की संज्ञा दी जाती है।

फल–

i. जातक को पैतृक संपति प्राप्त नहीं होती है।
ii. चल व अचल संपत्ति बिक जाती है तथा माता से लगातार परेशानी होती है।
iii. वाहन सुख में बाधा होती है, वाहन अक्सर चोरी हो जाता है या दुर्घटना ग्रस्त हो जाता है।
iv. शिक्षा में परेशानी, आर्थिक क्षय, दिवालिया आदि का फल प्राप्त होता है।

5. पद्म KSY : जब संपूर्ण ग्रह पंचम के राहु तथा एकादश के केतु के बीच होते हैं तो यह योग बताया जाता है।

फल–

i. जातक को संतान से अप्रसन्नता, बुढ़ापे में परेशानी होती है।
ii. जातक को गृहस्थ सुख में निरंतर बाधाएं आती हैं।
iii. जातक को संतान सुख का सदैव अभाव रहता है। संतान होती ही नहीं, और यदि होती भी तो सदैव कष्टदायी होती है।
iv. जेल यात्रा का कष्ट भोगना पड़ता है।
v. जातक को गुप्तांग से संबंधित रोग का कष्ट होता है।
vi. स्त्री का चरित्र संदिग्ध होता है।
vii. सच्चे मित्र का अभाव रहता है। शत्रुओं से सदैव पीड़ा होती है।
viii. जातक को शेयर बाजार, लाटरी, जुआ आदि में भारी नुकसान होता है।

6. महापद्म KSY : जब समस्त ग्रह छठे भाव के राहु तथा द्वादश के केतु के बीच आ जाते हैं तो यह योग बताया जाता है।

फल–

i. जातक को पत्नी सुख का अभाव रहता है। पत्नी मनोकुल नहीं होती।

ii. जातक की वृद्धावस्था कष्टप्रद होती है, सदैव रोग पीड़ा होती है।

iii. जातक प्रेम के मामले में सर्वथा असफल रहता है व गृहस्थ जीवन का सुख न्यून हो जाता है।

iv. जातक को संपूर्ण जीवन में शत्रुओं से पीड़ा मिलती है।

v. जातक सदैव निराशा की भावना से ग्रस्त रहता है।

vi. जातक को आय से अधिक व्यय होता है, जिसके कारण सदैव आर्थिक कष्ट लगा रहता है।

7. तक्षक KSY : जब सप्तम में राहु तथा लग्न में केतु हो और समस्त ग्रह इसके बीच हो तो यह योग बताया जाता है।

फल–

i. जातक को स्त्री सुख नहीं मिलता, स्त्री दुष्चरित्रवती हो सकती है।

ii. जीवन में सदैव संघर्ष बना रहता है।

iii. जातक को पुत्र संतान का अभाव रहता है।

iv. पैतृक संपत्ति हाथ से निकल जाती है।

v. जीवन में कई बार जेल यात्रा करनी पड़ती है।

vi. जातक को शत्रु पक्ष से पीड़ा, गुप्तांग से संबंधी रोग परेशान करते हैं।

8. कर्कोटक KSY : समस्त ग्रह जब अष्टम के राहु तथा द्वितीय के केतु के बीच पाए जाते हैं तो यह योग बताया जाता है।

फल–

i. जातक को असाध्य रोग से पीड़ा बनी रहती है।

ii. जातक का भाग्योदय नहीं होता, यदि होता भी है तो बहुत विलंब से।

iii. जातक को नौकरी नहीं मिलती, यदि मिलती भी है तो नौकरी में सदैव कुछ न कुछ लगा रहता है। जिससे जातक को मानसिक कष्ट लगा रहता है।

iv. जातक को पैतृक संपत्ति नहीं मिलती।
v. जातक को कई बार ऑपरेशन से गुजरना पड़ता है।
vi. जातक को सच्चे मित्रों का अभाव रहता है। सम्मिलित व्यापार में सदैव हानि उठानी पड़ती है।

9. शंखनाद कालसर्प योग : जब समस्त ग्रह नवम के राहु तथा तृतीय भाव के केतु के बीच होता है तो यह योग बताया जाता है।

फल–

i. जातक का भाग्य साथ नहीं देता, बार-बार भाग्यहीनता का दुष्परिणाम भोगना पड़ता है।
ii. जातक को राज्य पक्ष से प्रतिकूलता, सम्मान हानि, अपमान का दु:ख उठाना पड़ता है।
iii. जातक को पिता का सुख नहीं मिलता, व्यापार में हानि तथा लाभ से अधिक व्यय से गुजरना पड़ता है।
iv. जातक को गृहस्थ जीवन का सुख नहीं मिलता है। सदैव कुछ न कुछ विवाद लगा रहता है।

10. पातक KSY : जब समस्त ग्रह दशम के राहु तथा चतुर्थ भाव के केतु के बीच होते हैं तो यह योग बताया जाता है।

फल–

i. जातक को माता-पिता के विरह का कष्ट उठाना पड़ता है।
ii. व्यवसाय में हर कदम पर असफलता मिलती है, मित्रों के धोखा देने के कारण गंभीर हानि उठानी पड़ती है।
iii. रोगी संतान की प्राप्ति होती है।
iv. संपूर्ण जीवन समस्याग्रस्त होता है। नौकरी / व्यवसाय में सदैव तनाव व हानि मिलती है व जातक दृढ़ निश्चय नहीं कर पाता।

11. विषाक्त KSY : जब एकादश के राहु तथा पंचम के केतु के बीच समस्त ग्रह होते हैं तो यह योग बताया जाता है।

फल–

i. जातक को अनिद्रा से संबंधित रोग होता है व शारीरिक रूप से भी सदैव अस्वस्थ रहता है।
ii. जातक को रोजी रोटी कमाने के लिए घर से दूर रहना पड़ता है।

iii. जातक को हृदय रोग, नेत्र रोग होने की संभावना होती है।

iv. जातक को जीवन भर कोर्ट-कचहरी का चक्कर लगाना पड़ता है।

12. शेषनाग KSY : जब संपूर्ण ग्रह, द्वादश के राहु तथा छठे भाव के केतु के बीच आ जाते हैं तो यह योग बताया जाता है।

फल–

i. जातक को शारीरिक कष्ट सदैव लगा रहता है।

ii. न्यायालय से संबंधित मामलों में हार का मुंह देखना पड़ता है।

iii. जातक को बदनामी का कष्ट उठाना पड़ता है।

iv. बाईं आँख में परेशानी व उसका ऑपरेशन होने की संभावना होती है।

v. जातक को मानसिक पीड़ा सदैव मिलती है, विपरीत स्थितियों में कोई उसका साथ देने वाला नहीं मिलता।

उपरोक्त द्वादश प्रकार के कालसर्प योग, लग्न से द्वादश भाव तक राहु की उपस्थिति के कारण बताए जाते हैं। यदि जन्मांग में संपूर्ण ग्रह राहु व केतु के बीच या एकतरफ नहीं होते हैं तो भी कालसर्प योगी ज्योतिषीगण, एक, दो या अधिक ग्रहों के बाहर रहने पर भी आंशिक कालसर्प योग अवश्य बताते हैं। अर्थात इतने प्रकार के पूर्ण और आंशिक कालसर्प योग अवश्य बताते हैं। अर्थात इतने प्रकार के पूर्ण और आर्थिक कालसर्प योग प्रचारित हैं कि लगभग प्रत्येक जन्मांग में पूर्ण या आंशिक KSY को अवश्य बैठा दिया जाता है।

❑❑❑

7

कालसर्प योग के दुष्प्रचार का सत्य व जीवंत उदाहरण

पुस्तक के इस भाग में हम भिन्न-भिन्न प्रकार के प्रचलित कालसर्प योग के उदाहरण को देखेंगे और बिना किसी पूर्वाग्रह के यह विश्लेषण करेंगे कि क्या कालसर्प योग वाले जन्मांग, वास्तव में उसकी परिभाषा के अनुरूप फल प्रदान कर रहे हैं या नहीं।

साथ ही साथ जीवन में राहु तथा केतु के कारण मिलने वाले विशिष्ट परिणामों के विषय में भी विस्तार से चर्चा करेंगे।

पाठकगण से अनुरोध है कि प्रत्येक उदाहरण को ध्यान से देखें, कि क्या वास्तव में परिभाषित किए जा रहे कालसर्प योग के नकारात्मक परिणाम जातकों को प्राप्त हुए या नहीं। यद्यपि मैंने अपने ज्ञान व विवेक के अनुसार विश्लेषण किया है। परंतु पाठक के दृष्टिकोण का मेरे लिए विशेष महत्त्व है। आपकी स्पष्ट लेखनी मेरे द्वारा भविष्य में किए जाने वाले अन्य विषयों के कार्यों की दिशा निर्देशनी होगी।

आप बिना किसी पूर्वाग्रह के दिए गए उदाहरण पर विचार करें, मैंने प्रत्येक उदाहरण में प्रचारित कालसर्प योग के नाम का उल्लेख, आपकी सुविधा के लिए कर दिया है तथा साथ ही इसके नकारात्मक परिणाम को भी। अतः मेरे द्वारा किए गए विश्लेषण और कालसर्पयोग के परिणाम को सूक्ष्मतापूर्वक देखें, आप पूर्णतः आश्वस्त हो जाएंगे कि सत्यता क्या है।

उदाहरण 1 : ले. जनरल व सांसद

जन्म तिथि– 13.10.1934, जन्म समय– 8.26 प्रात:,

जन्म स्थान–सुल्तानपुर (उत्तर प्रदेश)

जन्मांग चक्रम् **नवांश चक्रम्**

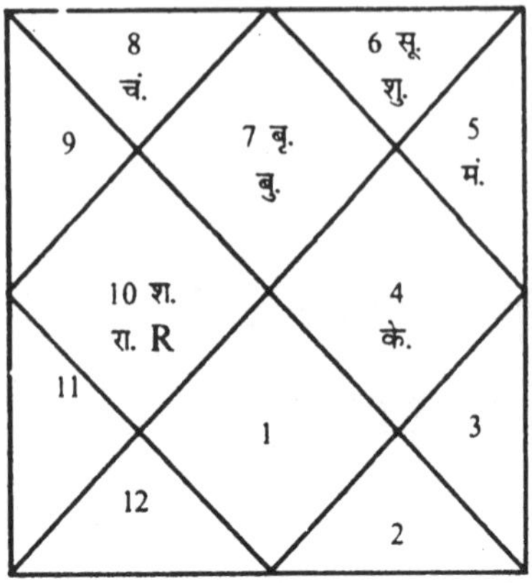

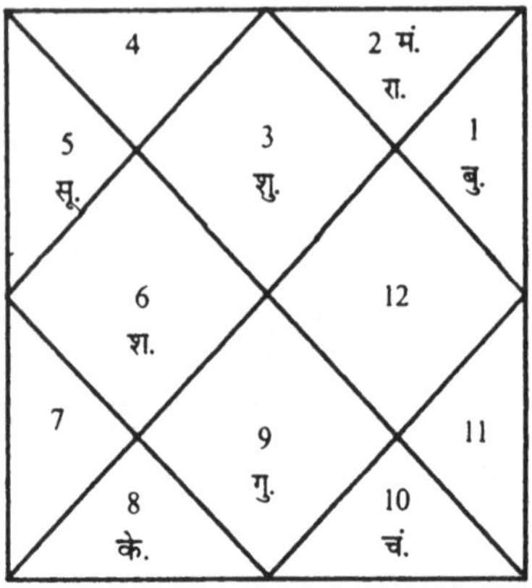

ग्रह	सूर्य	चंद्रमा	मंगल	बुध	बृहस्पति	शुक्र	शनि	राहु
राशि								
अंश	26	21	04	21	07	16	28	14
कला	09	28	01	04	28	47	42	37

बुध दशा शेष – 10 वर्ष 10 माह 17 दिन

उपरोक्त जन्मांग में कालसर्प योग की परिभाषा के अनुसार शंखपाल नामक KSY है। क्योंकि समस्त ग्रह चतुर्थ के राहु तथा दशम के केतु के मध्य स्थित है। अत: जातक को इसके भयानक परिणामों से गुजरना चाहिए। सत्यता यह है कि यह जातक अपने जीवन का प्रारंभ सेना में कमीशन अधिकारी के पद से किया व जनरल के पद से सेवानिवृत्त हुआ। सेवानिवृत्त होने के बाद जातक ने 13वीं लोकसभा चुनाव में भारी मतों से सांसद चुना गया। आप स्वयं निर्णय कर सकते हैं कि क्या कालसर्प योग प्रासंगिक है।

जातक जीवन में सदैव सफलता की बुलंदियों को छुआ व वर्तमान में भरा-पूरा परिवार है जिसमें वह सानंद रह रहा है। ❑❑❑

उदहारण 2 : मुख्य अभियंता

जन्मतिथि- 10.09.1955, जन्म समय- 11.30 प्रातः,

जन्मस्थान- गाजीपुर (उत्तर प्रदेश)

जन्मांग चक्रम्

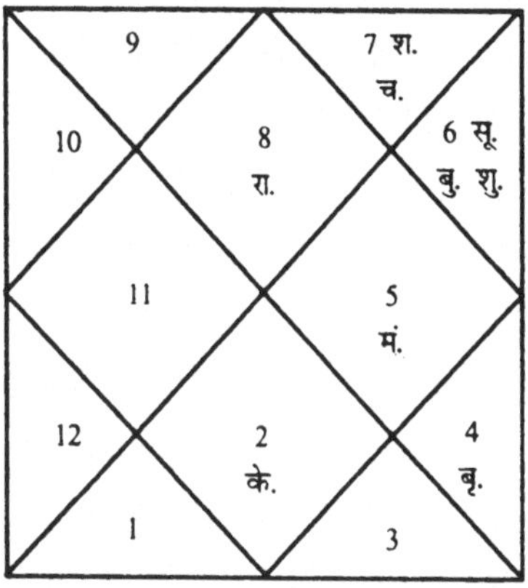

नवांश चक्रम्

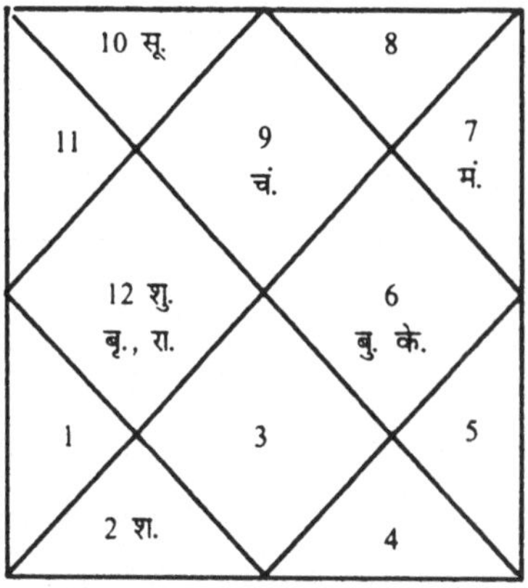

ग्रह	सूर्य	चंद्रमा	मंगल	बुध	बृहस्पति	शुक्र	शनि	राहु
राशि	5	6	4	5	3	5	6	7
अंश	2	8	21	28	27	07	24	28
कला	18	10	18	42	39	09	12	16

राहु दशा शेष – 15 वर्ष 11 माह 23 दिन

कालसर्प योग की प्रचलित परिभाषा के अनुसार जातक के जन्मांग में अनंत कालसर्पयोग है जिसके परिणाम स्वरूप जातक को रोजगार, शारीरिक मानसिक आदि परेशानियों से गुजरना चाहिए तथा दांपत्य जीवन भी नरक के सदृश्य होना चाहिए।

परंतु यदि जन्मांग का सूक्ष्मता से विश्लेषण किया जाए तो जातक का लग्नाधिपति मंगल नामक ग्रह है जो दशम भाव में मित्र गृही होकर बैठा है तथा दशमेश सूर्य स्वयं एकादश को राशि में उच्च के बुध के साथ बैठा है। साथ ही नीच का शुक्र है जो नीच भंग राजयोग बना रहा है, जिसके परिणाम स्वरूप जातक प्रारंभिक शिक्षण काल से ही मेधावी

छात्र रहा। पंचम भाव पर मंगल, शुक्र, सूर्य व बुध की दृष्टि के कारण मैकेनिकल इंजीनियरिंग की शिक्षा ग्रहण की, शिक्षणोपरांत यह जातक भारतीय इंजीनियरिंग सेवा की परीक्षा उत्तीर्ण किया व वर्तमान में केंद्र सरकार की सेवा में मुख्य अभियंता के पद पर कार्य कर रहा है।

नवांश चक्र में भी पंचमेश एकादश भाव में बैठा है व पंचम भाव पूर्णत: पंचमेश से दृष्ट है। बुध नामक ग्रह वर्गोत्तम अवस्था में है जिसके कारण जातक तीक्ष्ण मस्तिष्क का गणित/इंजीनियरिंग विषय का विद्यार्थी रहा, उच्चस्थ बृहस्पति की नवमस्थ अवस्था में जातक को बुद्धिमता तथा संस्कारित जीवन प्रदान कराया। उच्चस्थ शुक्र (नवांश में) ने जातक को पूर्ण भौतिक सुख संपदा प्रदान कराया।

दूसरी तरफ जातक की पत्नी उच्च शिक्षा लेने के बाद भी केंद्रीय विद्यालय में अध्यापिका के पद पर कार्य कर रही है। जातक को दो पुत्री तथा एक पुत्र का भी सुख प्राप्त है। नवांश जन्मांग में लग्नेश बृहस्पति जहां स्वगृही होकर बैठा है, वहीं दांपत्य जीवन का कारक शुक्र उच्चावस्था में बैठा है, जिसके कारण जातक का दांपत्य जीवन पूर्ण मंगलमय है।

निष्कर्ष : जातक के जन्मांग में अनंत कालसर्प योग नामक मनगढ़ंत योग है, परंतु इसका कोई भी दुष्परिणाम जातक को प्राप्त नहीं हुआ, जिसका कारण जन्मांग में उपस्थित अन्य बिशिष्ट योग है। अत: राहु व केतु के बीच सभी ग्रहों के आने की बात कह भय पैदा करना निश्चय ही पूर्ण हास्यास्पद है।

❑❑❑

उदाहरण 3 : स्वतंत्र भारत

जन्मतिथि-14/15.08.1947, जन्म समय- मध्य रात्रि,
जन्म स्थान- दिल्ली

जन्मांग चक्रम्

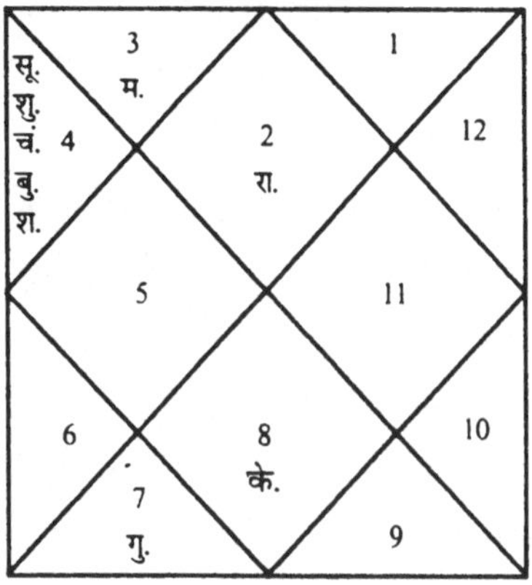

नवांश चक्रम्

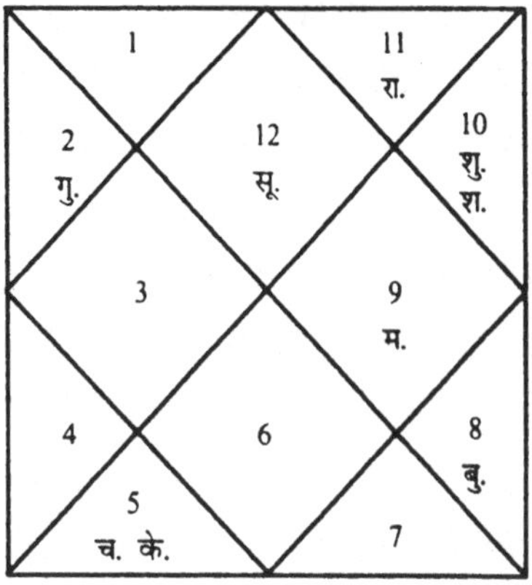

ग्रह	सूर्य	चंद्रमा	मंगल	बुध	बृहस्पति	शुक्र	शनि	राहु
राशि	3	3	2	3	6	3	3	1
अंश	27	3	7	13	25	22	20	5
कला	59	59	28	41	54	34	16	33

शनि महादशा शेष – 17 वर्ष 11 माह 21 दिन

स्वतंत्र भारत के जन्मांग में भी समस्त ग्रह लगभग राहु तथा सप्तम के केतु के बीच पाया जाता है जिसके कारण, अनंत नामक कालसर्प योग बताया जाता है। जिसकी आड़ में भारत में घटित होने वाली प्रत्येक अप्रिय घटना को इससे जोड़कर जनमानस को भ्रमित किया जाता है। यहां तक कहा जाता है कि इसी कालसर्प योग के कारण भारत का बटवारा हुआ तथा हिन्दू-मुस्लिम रक्त रंजित हुए। जबकि सत्यता यह है कि बटवारा आजादी के पूर्व की घटना है। और जहां तक भारत के दुर्भाग्य की बात है, यह सरासर कपोल कल्पना है। भारत के जन्मांग में लग्नेश, पंचमेश, सुखेश, पराक्रमेश, भाग्येश व दशमेश की पूर्ण राजयोगकारी युक्त है, जो यह स्पष्ट दर्शाती है कि भारत धीरे-धीरे पूर्ण

स्वतंत्रता व संपन्नता के मार्ग पर चलते हुए एक दिन संपूर्ण विश्व का नेतृत्व, उपरोक्त राजयोग के कारण निश्चय ही करेगा।

आजादी के बाद भारत ने कृषि, उद्योग, निर्यात क्षमता, शिक्षा, स्वास्थ्य, जीवन की आयु सीमा, आई.टी. सेक्टर आदि में चातुर्दिक विकास किया है। आज की तारीख में भी संपूर्ण विश्व भारत को एक सशक्त राष्ट्र के रूप में जानता है। आज यहां के आई.टी. इंजीनियरों ने संपूर्ण विश्व में भारत की एक अलग पहचान बनाई है।

लग्नगत राहु के कारण भारत की आर्थिक सम्पन्नता तथा औद्योगिक विकास भी तेजी के साथ हो रहा है। जहां तक भारत की आर्थिक पक्ष का प्रश्न है, एकादश भाव का स्वामी बृहस्पति धन भाव को पूर्ण दृष्टि से देखता है, व धनेश बुध तृतीय भाव में लग्नेश के साथ बैठा है, जो स्पष्ट संकेत देता है कि धीरे-धीरे यह भारत, आर्थिक रूप से पूर्ण विकसित होगा व आने वाले शुभ दशाओं में संपूर्ण विश्व के सामने उदाहरण भी प्रस्तुत करेगा।

निष्कर्ष : स्वतंत्र भारत के जन्मांग में अनंत कालसर्प योग का उदाहरण देकर, इसे दुर्भाग्यशाली कहना, मूर्खता का परिचायक है। ज्योतिषीय पठन से यदि विचार किया जाए तो ग्रहों की स्थिति मजबूत है कि आगामी समय में भारत सर्वोच्च राष्ट्र की उपलब्धि प्राप्त करेगा, इसमें संदेह नहीं।

❑❑❑

उदाहरण 4 : डिप्टी एस.पी.

जन्मतिथि– 20.08.1976, जन्म समय– 9.10 प्रातः,

जन्मस्थन– देवरिया (उ.प्र.)

जन्मांग चक्रम्

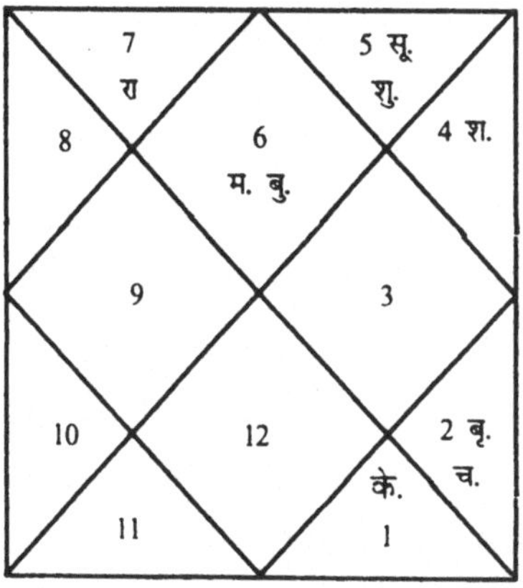

नवांश चक्रम्

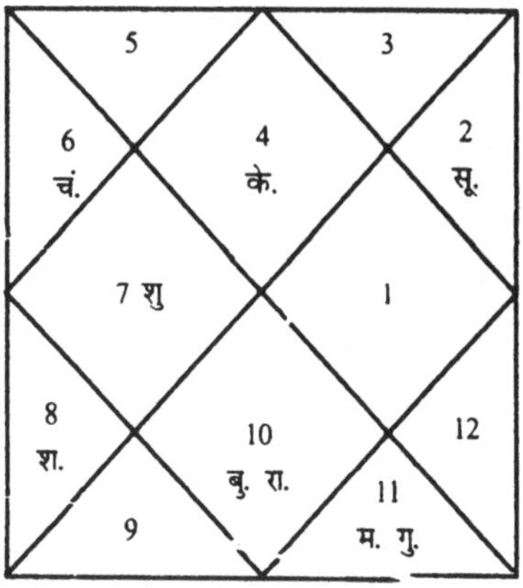

ग्रह	सूर्य	चंद्रमा	मंगल	बुध	बृहस्पति	शुक्र	शनि	राहु
राशि	4	1	5	5	1	4	3	6
अंश	3	27	3	0	6	21	15	12
कला	43	38	52	13	08	00	51	28

मंगल महादशा – 4 वर्ष 8 माह 4 दिन

जातक के जन्मांग में सभी ग्रह द्वितीय के राहु तथा अष्टम के केतु के बीच है, जिसे कालसर्प योग की भाषा में कुलिक KSY कहा जाता है, जिसके परिणामस्वरूप जातक को यौन दुर्बलता, पारिवारिक असंतोष, पति-पत्नी में मनमुटाव आदि समस्याओं से गुजरना होगा, परंतु वास्तविकता में यदि जन्मांग का विश्लेषण किया जाए तो स्पष्ट है कि जातक का लग्नाधिपति उच्चस्थ होकर, पराक्रमेश के साथ लग्नगत है तथा शिक्षा का स्वामी शनि भी एकादश भाव में बैठा है व भाग्य भाव में उच्च के लाभेश के साथ चतुर्थेश व सातमेश बृहस्पति, परम शुभावस्था में बैठे हैं, जिसके परिणाम स्वरूप जातक ने इंजीनियरिंग की शिक्षा ग्रहण की तदुपरांत उ.प्र. की लोक सेवा आयोग की परीक्षा उत्तीर्ण किया व वर्तमान में Dy. SP के पद पर तैनात है।

जहां तक यौन रोग का सवाल है, इसका कोई प्रश्न ही नहीं, क्योंकि लग्न पर बृहस्पति की पूर्ण शुभ दृष्टि है तथा शुक्र की द्वादश भाव का योगकारी होकर बैठा है।

इस जातक का विवाह मई 05 में एक सुशील, शिक्षित व सुंदर कन्या के साथ हुआ। देखें सप्तमेश धर्म भाव में उच्च के चंद्रमा के साथ बैठा है तथा नवांश में शुक्र तुला राशि का है। जिसके फलस्वरूप जातक का दांपत्य जीवन उत्तम है व आगे भी उत्तम कहा जाएगा।

निष्कर्ष : जातक के जन्मांग में स्पष्ट रूप से कुलिक कालसर्प योग का कोई भी परिणाम प्राप्त नहीं हुआ। अन्य ग्रहों की उत्तम अवस्था के कारण जातक को शिक्षा से लेकर नौकरी व विवाह तक उत्तम फल प्राप्त हुआ। यदि आप जन्मांग की इस स्थिति पर विचार करें तो यह तथ्य पूर्णतः स्पष्ट हो जाता है कि पंचम भाव जो स्वयं शनि की राशि है, पर शनि की दृष्टि, उच्चस्थ बुध की अवस्था ने जातक को इंजीनियरिंग की शिक्षा तो दी, परंतु जातक के जन्मांग में क्रमशः शनि, सूर्य व मंगल की उपस्थिति तथा नवांश जन्मांग में सूर्य व शनि की आपसिक दृष्टि तथा सूर्य पर पुलिस, सेना के कारक ग्रह मंगल की दृष्टि ने जातक को पुलिस विभाग में डिप्टी एस.पी. का पद प्राप्त कराया। जातक के जन्मांग में उत्तम ग्रहों ने, राहु, केतु से बिना प्रभावित हुए परिणाम देने वाले सिद्ध हुए।

❑❑❑

उदाहरण 5 : धीरू भाई अंबानी

जन्म तिथि– 20.12.1932, जन्म समय– 6.37 प्रातः,
जन्म स्थान–अक्षांश 21°, रेखांश 70° 19'

जन्मांग चक्रम्

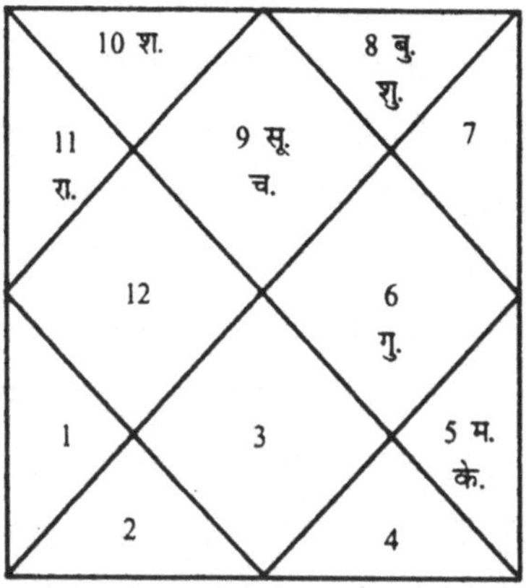

नवांश चक्रम्

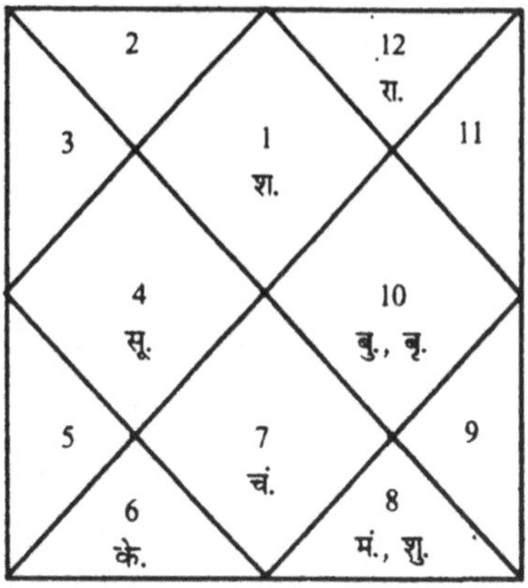

ग्रह	सूर्य	चंद्रमा	मंगल	बुध	बृहस्पति	शुक्र	शनि	राहु
राशि	8	8	4	7	5	7	9	10
अंश	13	21	24	21	00	15	10	16
कला	11	03	09	44	07	26	40	57

शुक्र दशा शेष – 8 वर्ष 4 माह 29 दिन

यह जन्मांग प्रसिद्ध उद्योगपति धीरू भाई अंबानी का है, जिसके जन्मांग में समस्त ग्रह तृतीय के राहु तथा नवम के केतु के बीच है। जिसके कारण कालसर्प योगी ज्योतिषी जन्मांग में वासुकी नामक कालसर्प योग कहते हैं। इस KSY के परिणाम स्वरूप भाई-बहनों पर परेशानी, नौकरी में असंतोष, भाग्योदय में कदम-कदम पर परेशानी, नौकरी में दिक्कत व

नास्तिकता आदि जैसे गंभीर परिणाम भुगतने पड़ते हैं। परंतु सत्यता आप सभी पाठकगण जानते हैं।

इनका जन्म धनु लग्न में हुआ है तथा राशि भी धनु है। द्वितीय भाव में मकर का शनि बैठा है जो यह दर्शाता है कि जीवन का प्रारंभ संघर्षमय होता है। यह जातक को जीवन का प्रत्येक कटु अनुभव प्रदान करता है, परंतु उम्र के 36 वर्ष बाद यह जीवन के सफलता का मार्ग भी प्रशस्त करता है। अंबानी का पंचमेश मंगल है जो अपने घर से पंचम है, जो तीव्र मस्तिष्क व भविष्य दर्शन को शिखर तक पहुंचाने वाला है। वहीं लग्नाधिपति बृहस्पति दशम भाव में राजयोगकारी अवस्था में बैठा है। यहां बैठा बृहस्पति धन भाव व सुख भाव पर पूर्ण दृष्टि डालता है। नवांश जन्मांग में भी लग्नेश जहां स्वगृही है वहीं बृहस्पति दशमस्थ भी है। जिसके कारण अंबानी ने सफलता की बुलंदियों को स्पर्श किया। सर्वाधिक महत्त्वपूर्ण यहां यह है कि इनका स्वतंत्र प्रकार का कार्य (व्यापार) भी राहु की महादशा में ही प्रारंभ हुआ, जिसे बृहस्पति की महादशा ने शीर्षस्थ बनाया।

निष्कर्ष : धीरू भाई अंबानी के जन्मांग में इस भ्रामक कालसर्प योग का कोई परिणाम नहीं है। इनके पूर्ण जीवन में राहु, केतु, बृहस्पति आदि की दशाएं, अत्यंत सफलतादायी सिद्ध हुई न कि नकारात्मक।

यदि आप अंबानी के जीवन पर विचार करें तो स्वयं स्थिति स्पष्ट हो जाएगी कि जीवन का प्रत्येक सुख इन्हें प्राप्त हुआ। प्रारंभिक दिनों की असफलता के बाद जब सफलता का प्रारंभ हुआ तो राहु ने इन्हें भारत के प्रमुख औद्योगिक घराने की प्रतिष्ठा प्रदान कराई व हर क्षण ये सफलता की सीढ़ी चढ़ते ही गए। इनके जन्मांग में प्रारंभिक असफलता को कालसर्प योग से जोड़ना पूर्णतः हास्यास्पद है।

❑❑❑

उदाहरण 6 : डी.एस.पी. (पुलिस)
जन्म तिथि– 6.03.1968, जन्म समय– 10.10 रात्रि:,
जन्म स्थान–गोरखपुर (उत्तर प्रदेश)

जन्मांग चक्रम्

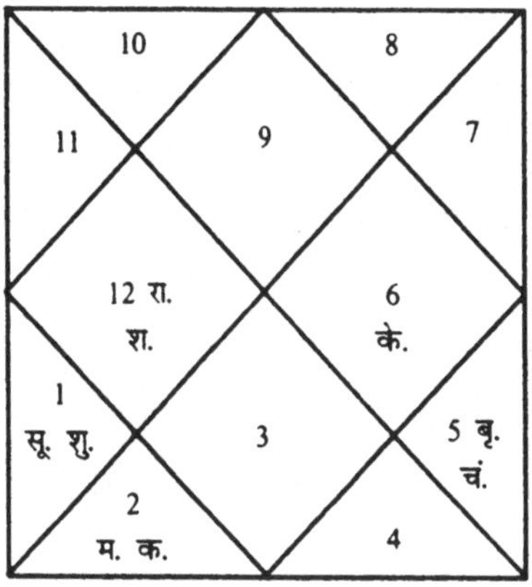

नवांश चक्रम्

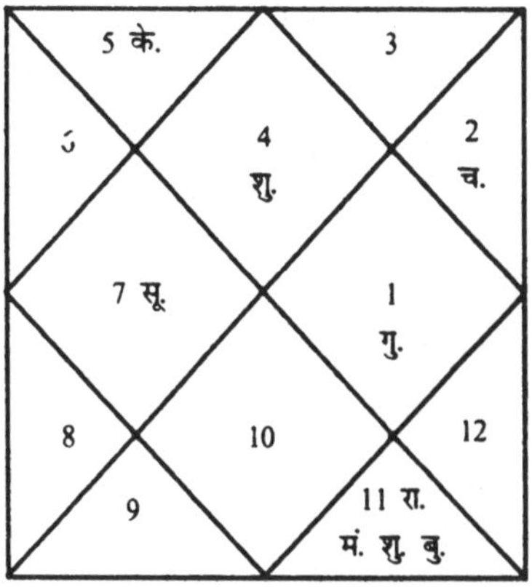

ग्रह	सूर्य	चंद्रमा	मंगल	बुध	बृहस्पति	शुक्र	शनि	राहु
राशि	0	4	1	1	4	0	11	11
अंश	22	4	5	6	2	10	25	25
कला	47	12	14	05	44	47	49	07

केतु महादशा शेष – 4 वर्ष 9 माह 15 दिन

यह एक महिला का जन्मांग है, जिसमें कालसर्प योग की परिभाषा के अनुसार शंखपाल नामक KSY है। इसके फलस्वरूप इन्हें शिक्षा में परेशानी, आर्थिक समस्या, वाहन सुख में कमी, संपत्ति का नाश आदि कष्ट उठाने पड़ेंगे। परंतु सत्यता यह है कि यह जातिका प्रारंभ से ही मेधावी छात्रा रही तथा उत्तर प्रदेश लोक सेवा आयोग की परीक्षा द्वितीय प्रयास में उत्तीर्ण करने के बाद वर्तमान में डी.एस.पी. के पद पर कार्यरत है।

जातिका का जन्म धनु लग्न का है तथा दो त्रिकोणाधिपति क्रमशः त्रिकोण में है, उत्तम राजयोगकारी है। प्रथम भाग्येश सूर्य पंचम में उच्च का होकर बैठा है जो प्रशासनिक कार्यों में सफलता की तरफ इशारा

करता है तथा द्वितीय लग्नेश भाग्य भाव में मित्र ग्रही होकर बैठा है जो लग्न तथा पंचम दोनों भावों को दृष्ट करता है।

चतुर्थ भाव में राहु व शनि की उपस्थिति तथा दशम भाव पर पूर्ण दृष्टि ने जहां जातिका को पुलिस सेवा प्रदान कराया, वहीं पिता के सुख में कमी भी कराया।

जातिका का विवाह उम्र के 30 वर्ष तक नहीं हुआ, जिसका कारण कालसर्प योग नहीं है अपितु जन्मांग में सप्तमेश अपने घर से द्वादश है तथा शत्रु ग्रह मंगल के साथ बैठा है व नवांश में अष्टम भाव में पापग्रह राहु, मंगल व शनि की युक्ति है।

इस जातिका का विवाह जून 1999 में हुआ व वर्तमान में सुखद दांपत्य जीवन भी है। नवंबर 01 में जातिका को प्रथम पुत्र संतान प्राप्त हुआ व आज यह जातिका धन, संतान, वाहन, पति आदि के सुख से पूर्ण है।

निष्कर्ष : जातिका को शंखफल नामक कालसर्प योग का कोई भी नकारात्मक परिणाम प्राप्त नहीं हुआ, चाहे शिक्षा का क्षेत्र हो, नौकरी का क्षेत्र हो या दांपत्य जीवन का। जन्मांग में उपस्थित उत्तम ग्रहों ने अपने स्वभाव व गुण के अनुसार अपनी दशा में पूर्ण परिणाम दिया। अर्थात जातिका के जन्मांग में तथाकथित कालसर्प योग के प्रकार शंखपाल नामक KSY का कोई नकारात्मक परिणाम प्राप्त नहीं हुआ। अतः इस KSY नाम पर लोगों को डराना और भ्रमित करना पूर्णतः शास्त्र विरुद्ध व सत्य से परे है।

❑❑❑

उदाहरण 7 : व्यापारी

जन्म तिथि– 31.08.1977, जन्म समय– 11.20 रात्रि,
जन्म स्थान–गोरखपुर (उत्तर प्रदेश)

जन्मांग चक्रम्

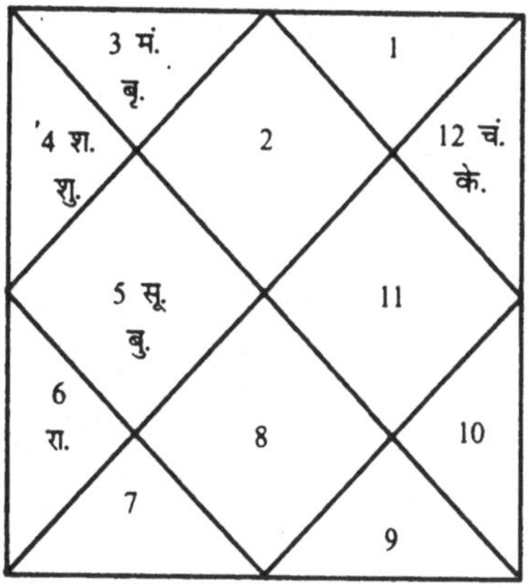

नवांश चक्रम्

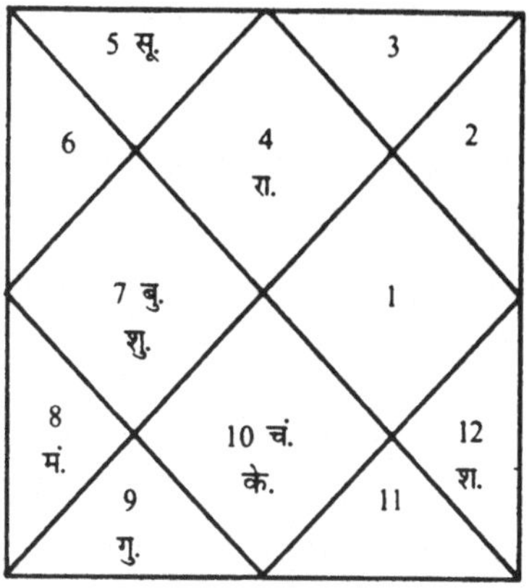

ग्रह	सूर्य	चंद्रमा	मंगल	बुध	बृहस्पति	शुक्र	शनि	राहु
राशि	4	11	2	4	2	3	3	5
अंश	14	20	6	23	8	10	29	22
कला	39	15	17	12	13	09	15	00

बुध महादशा शेष – 12 वर्ष 5 माह 8 दिन

इस जातक के समस्त ग्रह पंचम के राहु तथा एकादश के केतु के बीच में है जिसके कारण पद्म कालसर्प योग कहा जाएगा, जिसके फलस्वरूप जातक को यौन रोग, जुआ खेलने की आदत, पत्नी से परेशानी, संतान से कष्ट, धनहानि आदि दुखों का फल मिलना चाहिए। जबकि सत्यता यह है कि यह जातक ग्रेजुएशन करने के बाद व्यवसाय के कार्य में लग गया व इन दिनों यह कंप्यूटर व्यवसाय कर रहा है जिसमें जातक ने उल्लेखनीय प्रगति प्राप्त की। कम उम्र में ही जातक ने अच्छा धन प्राप्त किया व साथ ही साथ वह पूर्ण ईश्वरवादी भी है।

जातक का विवाह भी उम्र के 26वें वर्ष में हुआ। वह अपनी पत्नी से पूर्ण प्रेम करने वाला ईमानदार पति है। जातक न ही दुष्चरित्रवान है न ही जुआरी है।

जातक का जन्म वृष लग्न में हुआ है तथा तृतीय भाव में लग्नेश, भाग्येश व दशमेश की राजयोगकारी युक्ति है व चतुर्थ भाग में चतुर्थेश व पंचमेश की शुभ युक्ति है जिसके कारण जातक ने कम उम्र में ही अपार सफलता प्राप्त की। पत्नी का स्वामी मंगल है जो परम शुभ ग्रह बृहस्पति के साथ बैठा है जो सच्चरित्र पत्नी प्राप्ति की शुभ सूचना देता है।

निष्कर्ष : यह पूर्णतः स्पष्ट है कि जन्मांग में विद्यमान कई शुभ योगों के कारण जातक को किसी भी प्रकार का कालसर्प योग का नकारात्मक परिणाम नहीं। न ही जातक को पंचम के राहु तथा एकादश के केतु के कारण प्रगति के लिए संघर्ष करना पड़ा। जन्मांग में शुभ ग्रहों की उत्तम अवस्था ने जातक को कम ही उम्र में न केवल व्यावसायिक सफलता प्रदान कराया अपितु पूर्ण पारिवारिक सुख भी प्रदान कराया, अतः पद्म कालसर्प योग का भय दिखाकर जातकों से पूजा, कवच, यंत्र आदि का मार्ग अपनाने के लिए राय देना पूर्णतः अनैतिक है।

❑❑❑

उदाहरण 8 : सुखी दांपत्य जीवन

जन्म तिथि– 27.05.1973, जन्म समय– 11.52 दोपहर,
जन्म स्थान–गोरखपुर (उत्तर प्रदेश)

जन्मांग चक्रम्

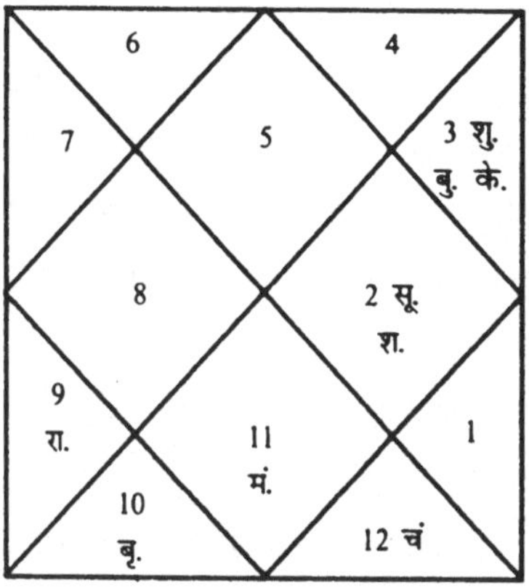

नवांश चक्रम्

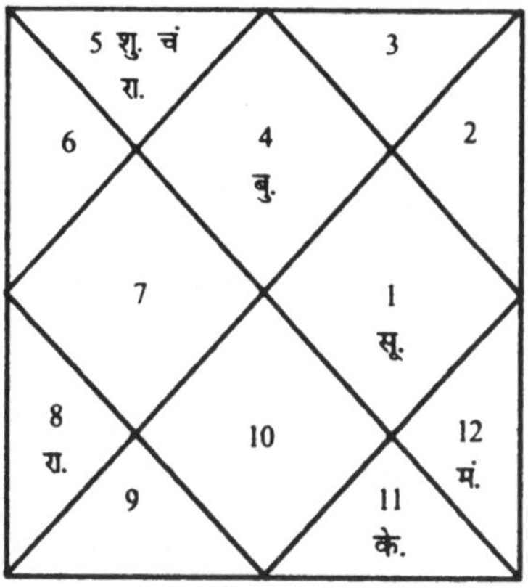

ग्रह	सूर्य	चंद्रमा	मंगल	बुध	बृहस्पति	शुक्र	शनि	राहु
राशि	1	11	10	2	9	2	1	8
अंश	12	5	19	20	18	24	28	14
कला	20	27	52	44	38	50	09	24

शनि महादशा शेष – 15 वर्ष 11 माह 27 दिन

इस जातिका के जन्मांग में सभी ग्रह पंचम के राहु तथा एकादश के केतु के बीच है, जिसके कारण इस जन्मांक में पूर्ण पद्म नामक कालसर्प योग की संज्ञा दी जाती है। अतः ज्योतिषियों ने इस कालसर्प योग के सभी नकारात्मक परिणाम बताकर, जातिका के माता-पिता को भयभीत कर दिया था; जैसे–विवाह में बहुत विघ्न है, विवाह के टुटने की संभावना है, संतान भाव में राहु के कारण संतान के लिए बड़ा कठोर उपाय करने होंगे आदि।

परंतु अब यह जन्मांग लेकर, जातिका के माता-पिता मेरे पास आए तो मैंने ध्यान से जन्मांग देखने के बाद कहा–इसमें कोई दोष नहीं है।

आप लोग घबड़ाइए नहीं। जातिका का विवाह उम्र के 24वें. वर्ष में होगा तथा 13 माह के भीतर इसे प्रथम पुत्र संतान होगा।

जातिका का विवाह वर्ष 1997 में एक सरकारी डॉक्टर से हुआ तथा वर्तमान में जातिका को मात्र दो पुत्र संतान हैं।

देखें जातिका के जन्मांग में सप्तम भाव में बैठा मंगल जहां विलंब की तरफ इशारा करता है वहीं सप्तम भाव पूर्ण शुभकारी योग के बीच है तथा लग्नेश दशम भाव में सप्तमेश से युक्त है व बृहस्पति से दृष्ट भी, नवांश में भी लग्नाधिपति शुभ ग्रह शुक्र के साथ है जिसके परिणामस्वरूप जातिका सुखद दांपत्य जीवन का पूर्ण सुख प्राप्त कर रही है।

निष्कर्ष : पंचम भाव में राहु के कारण संतानहीनता की बात कहना व सप्तम भाव में मंगल के कारण विवाह में विलंब होने का, पूर्णत: अवैज्ञानिक व शास्त्र विरुद्ध है। पद्म कालसर्पयोग के कारण दोषारोपण करना पूर्णत: अवैज्ञानिक है।

पाठको! मात्र किसी भाव में पापग्रहों की उपस्थिति के कारण उस भाव से संबंधित उल्टे भविष्यफल कहना पूर्णत: अज्ञानता का द्योतक है, अत: आप कभी भी किसी ऐसी भविष्यवाणी से भयभीत न हों, क्योंकि ऐसी नकारात्मक भविष्यवाणी लगभग वही ज्योतिषी करते हैं जिनके पास ज्ञान ना हो या आपको डराकर अपना उल्लू सीधा करने का उद्देश्य हो। किसी भी भाव से संबंधित भविष्यवाणी, उस भाव में बैठे ग्रह, भावेश की स्थिति, भाव पर पड़ने वाले ग्रहों की दृष्टि व बलाबल के अनुसार की जाती है न कि KSY से।

❑❑❑

उदाहरण 9 : आई.ए.एस. अधिकारी

जन्म तिथि– 25.01.1962, जन्म समय– 11.30 रात्रि,

जन्म स्थान–लखनऊ (उत्तर प्रदेश)

जन्मांग चक्रम् **नवांश चक्रम्**

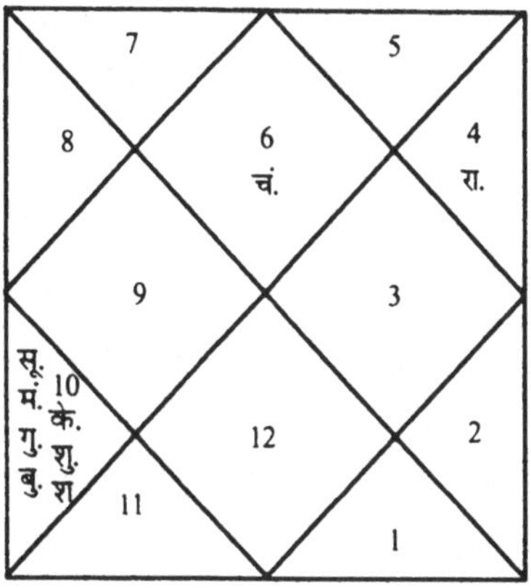

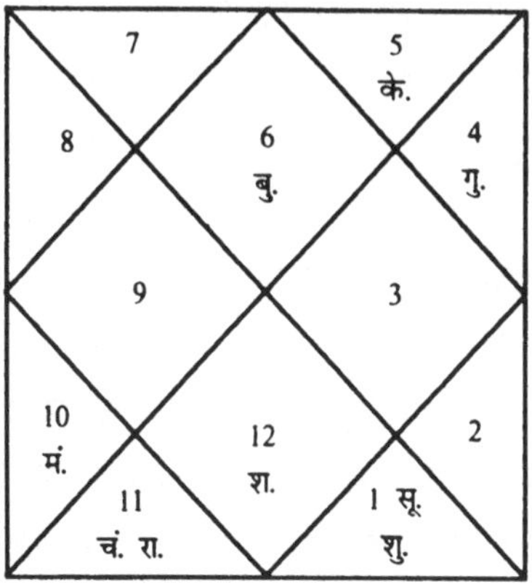

ग्रह	सूर्य	चंद्रमा	मंगल	बुध	बृहस्पति	शुक्र	शनि	राहु
राशि	9	5	9	9	9	9	9	3
अंश	11	6	1	29	22	11	9	24
कला	59	14	06	10	53	35	15	35

सूर्य महादशा शेष – 1 वर्ष 8 माह 9 दिन

इस जातक के जन्मांग में समस्त ग्रह एकादश के राहु तथा पंचम के केतु के बीच बैठे हैं जिसके कारण जातक विषाक्त नामक कालसर्प योग कहा जाएगा, जिसके फलस्वरूप जातक को भाइयों से कष्ट, नौकरी व्यवसाय में बाधा, सदैव कोर्ट कचहरी से परेशानी, नेत्र रोग, हृदय रोग, अनिद्रा आदि से संबंधित दुष्परिणामों को भोगना चाहिए। परंतु सत्यता यह है कि यह जातक आई.ए.एस. अधिकारी है तथा जातक के और तीन भाई व एक बहन हैं, जो सभी उच्चाधिकारी हैं। भाइयों में पूर्ण एकता व वैचारिक समानता है, न ही जातक को शारीरिक कोई कष्ट है और न ही कोई अदालती परेशानी।

जातक के जन्मांग में समस्त योगकारी ग्रह पंचम भाव में राजयोगकारी होकर बैठे हैं तथा राहु स्वयं एकादश भाव में शत्रुहंता व दुखहर्ता के रूप में है। जातक का लग्नाधिपति बुध नामक ग्रह है जो स्वग्रही पंचमेश तथा मित्र गृही भाग्येश व धनेश के साथ युति कर रहा है, साथ ही नीच भंग राजयोग प्राप्त बृहस्पति भी है, जिसने जातक को प्रारंभिक शिक्षण समय से ही मेधावी बनाया व उच्चस्थ मंगल व सूर्य तथा शनि की त्रिकोणस्थ युति ने जातक को प्रशासनिक सेवा में सफल कराया।

जातक के पत्नी का स्वामी ग्रह बृहस्पति है, जो पंचम भाव में शुभ ग्रहों के साथ बैठा है तथा नवांश में भी लग्नाधिपति उच्च का होकर बैठा है। जिसके फलस्वरूप जातिका की पत्नी सुंदर व शिक्षित होने के साथ-साथ पूर्ण धर्मपरायण स्वभाव की है।

निष्कर्ष : यह कि जातक के जन्मांग में सभी ग्रह अपनी अवस्था व बलाबल के अनुसार परिणाम प्रदान कर रहे हैं, जीवन की प्रत्येक घटना, सहज ही ज्योतिषीय पद्धति से निकाली जा सकती है, बिना कालसर्प योग के।

इस उदाहरण पर विचार कर आप स्पष्टजान सकते हैं कि जो दुष्परिणाम विषाक्त नामक कालसर्प योग के बताए गए हैं, उनमें एक भी दुष्परिणाम जातक को नहीं भोगना पड़ा, इसका स्पष्ट कारण है कि यह कोई योग होता ही नहीं है, यदि होता तो जिस तरह जातक को अपने शुभ योगों का फल प्राप्त हुआ वैसे ही दुर्योग का भी फल प्राप्त होता, जबकि जातक ने अपनी संपूर्ण शिक्षा, आई.ए.एस. बनने तक, राहु की महादशा में ही प्राप्त किया।

❑❑❑

उदाहरण 10 : अधिवक्ता (वकील)
जन्म तिथि– 112.06.1968, जन्म समय– 8.35 सायं,
जन्म स्थान–गोरखपुर (उत्तर प्रदेश)

जन्मांग चक्रम्

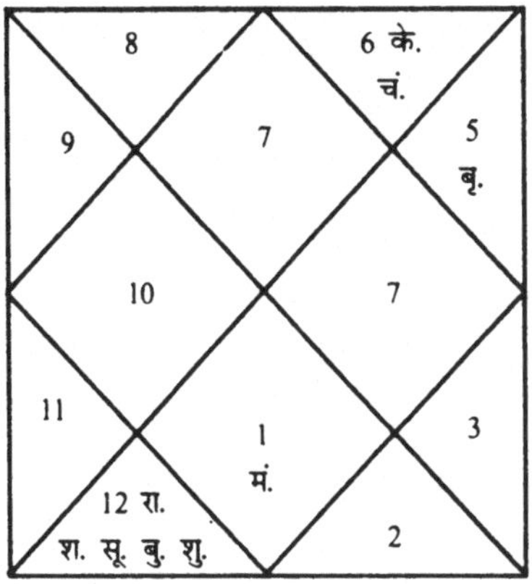

नवांश चक्रम्

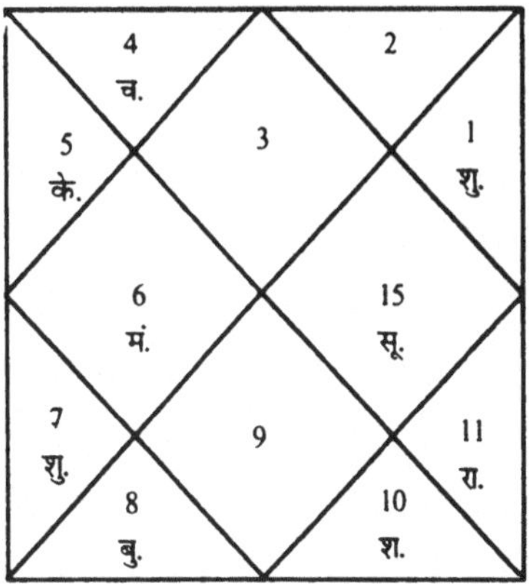

ग्रह	सूर्य	चंद्रमा	मंगल	बुध	बृहस्पति	शुक्र	शनि	राहु
राशि	11	5	0	11	4	11	11	11
अंश	29	21	18	16	2	11	22	25
कला	21	20	01	37	32	11	53	13

चंद्र महादशा शेष – 1 वर्ष 5 माह 28 दिन

इस जातक के जन्मांग में समस्त ग्रह छठे भाव के राहु तथा द्वादश भाव के केतु के बीच बैठे हैं, जिसके कारण जातक के जन्मांग में महापद्म कालसर्प योग बनता है। इसके फलस्वरूप जातक को शत्रु से परेशानी, पत्नी का मनोनुकूल न मिला, निराशा व हीन भावना, भाग्योदय में परेशानी आदि समस्याओं से गुजरना पड़ सकता है। परंतु सत्यता इसके पूर्ण विपरीत है। यह जातक प्रारंभ से ही मेधावी छात्र रहा तथा इसने एल.एल.बी. की शिक्षा गोरखपुर विश्वविद्यालय से प्राप्त किया व गोरखपुर न्यायालय में ही वकालत करता रहा। परंतु विवाहोपरांत वर्ष

1999 में यह दिल्ली चला गया व दिल्ली हाईकोर्ट में वकालत का कार्य करता है। जातक की सफलता का अंदाजा इस बात से लगाया जा सकता है कि जातक का दिल्ली में संभ्रांत इलाके में अपना मकान है। वाहन है, व इसके अतिरिक्त जातक कंप्यूटर का व्यवसायी भी है। यदि इसके जन्मांग का निरीक्षण किया जाए तो स्पष्ट होता है कि लग्नाधिपति शुक्र नामक ग्रह छठे भाव में उच्च का होकर बैठा है। पंचमेश व चतुर्थेश शनि के साथ है, जिसके फलस्वरूप जातक अपना पैतृक स्थान छोड़कर बाहर गया व स्थायित्व प्राप्त किया। जन्मांग से लग्नाधिपति, चतुर्थेश, पंचमेश व भाग्याधिपति की योगकारी युति के कारण जातक ने कम उम्र में ही अच्छी सफलता प्राप्त की।

दूसरी तरफ पत्नी का स्वामी मंगल स्वग्रही होकर बैठा है तथा परम शुभ ग्रह बृहस्पति से पूर्ण दृष्ट है व नवांश में भी शुक्र स्वग्रही है, जिसके कारण जातक को अच्छी पत्नी मिली व दांपत्य जीवन पूर्ण सुखमय है।

निष्कर्ष : आप देख सकते हैं कि महापद्म नामक KSY के कारण जो दुष्परिणाम जातक को प्राप्त होना चाहिए वह प्राप्त नहीं हुआ। कारण यह कोई योग नहीं होता। जातक के जन्मांग में लग्नेश, पंचमेश व भाग्येश की युति तथा पंचम भाव पर शुभ ग्रह बृहस्पति की दृष्टि के कारण, जातक ने पूर्ण सफलता प्राप्त किया तथा वकालत के अतिरिक्त भी व्यापार का मार्ग अपना कर स्वयं को आर्थिक रूप में सुदृढ़ किया।

❑❑❑

उदाहरण 11 : प्रोफेसर

जन्म तिथि– 20.09.1954, जन्म समय– 11.30 रात्रि, जन्म स्थान–दिल्ली

जन्मांग चक्रम्

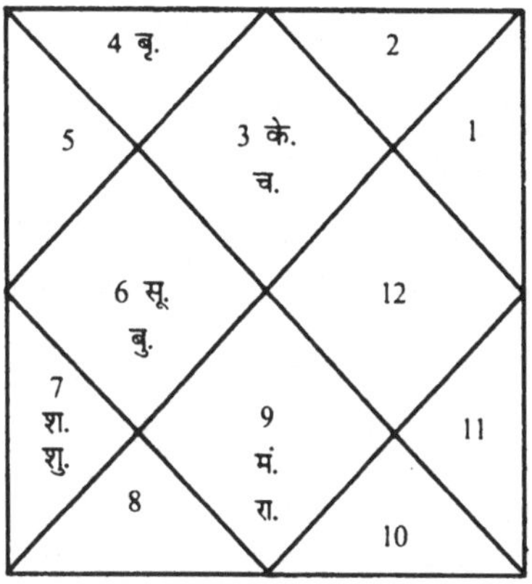

नवांश चक्रम्

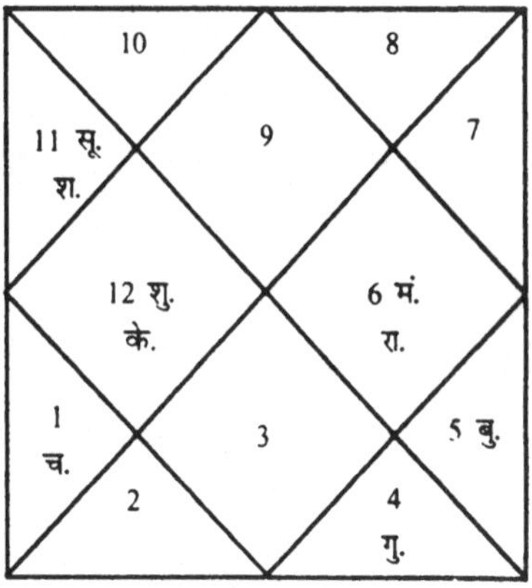

ग्रह	सूर्य	चंद्रमा	मंगल	बुध	बृहस्पति	शुक्र	शनि	राहु
राशि	5	2	8	5	3	6	6	8
अंश	4	20	18	25	1	19	13	18
कला	0	12	32	41	50	13	43	30

राहु - 15 वर्ष 9 माह 7 दिन

जातक के समस्त ग्रह सप्तम के राहु तथा लग्नगत केतु के बीच बैठे हैं, जिसके कारण इस जन्मांग में तक्षक नामक कालसर्प योग बनता है। इस योग में जन्म लेने वाले जातक को पुत्र संतान का अभाव, स्त्री सुख में कमी, जीवन में भारी उतार-चढ़ाव, हिस्सेदारी के व्यापार में हानि, गुप्तरोग आदि कष्टों से गुजरना पड़ता है।

जबकि सत्यता यह है कि इस जातक ने कॉमर्स विषय में उच्चशिक्षा प्राप्त की व पी-एच.डी. की डिग्री हासिल करने के बाद विश्वविद्यालय में स्नातक व परस्नातक के विद्यार्थियों को पढ़ा रहा है। जातक के परिवार में पत्नी के अलावा दो पुत्री तथा एक पुत्र हैं।

देखें जन्मांग में लग्नेश बुध, चतुर्थ भाव में पराक्रमेश से युति कर बुधादित्य नामक योग का निर्माण कर रहा है। तथा पंचमेश, शुक्र भी स्वगृही होकर बैठा है। जिसके परिणाम स्वरूप जातक ने उच्च शिक्षा ग्रहण किया तथा दशमेश बृहस्पति, द्वितीय भाव में उच्च का होकर बैठा है व शनि से दृष्ट भी है, जिसने जातक को अध्यापन का कार्य कराया। यद्यपि जातक के सप्तम भाव में मंगल तथा राहु की युति निश्चय ही खराब कही जाएगी, परंतु शुक्र जहां स्वग्रही होकर मजबूत अवस्था में बैठा है वहीं नवांश में उच्चस्थ है तथा नवांश लग्न का स्वामी बृहस्पति भी उच्चस्थ है जो सफल दांपत्य जीवन प्रदान कराने वाला कहा जाएगा। चतुर्थ भाव जिसे बुद्धिमत्ता तथा शिक्षण का भाव कहा जाता है, उच्च के बुध के साथ सूर्य, बुधादित्य नामक योग का निर्माण कर, जातक को वाणिज्यिक शिक्षा प्रदान कराया तथा नवांश चक्र में लग्नाधिपति को दशम भाव में युति ने जातक को शिक्षा के शिखर तक पहुंचाया, वही नवांश में सप्तमेश तथा दशमेश केंद्राधिपति होकर त्रिकोणस्थ हो नवम भाव में है, जिसके कारण जातक को सुशील व शिक्षित पत्नी प्रदान कराया।

निष्कर्ष : सप्तमभाव में पापग्रह के बैठने मात्र से समस्या की भविष्यवाणी करना, असत्य है और उसे कालसर्प योग का जामा पहनाना उससे भी बड़ा झूठ है। इस जन्मांग में आपने देखा कि मंगल व राहु नामक पापग्रह के सप्तम भाव में होने के बाद भी, जातक का सुखद दांपत्य जीवन है।

□□□

उदाहरण 12 : अध्यापक

जन्म तिथि– 26.02.1958, जन्म समय– 9.15 प्रातः,
जन्म स्थान–महाराजगंज (उत्तर प्रदेश)

जन्मांग चक्रम्

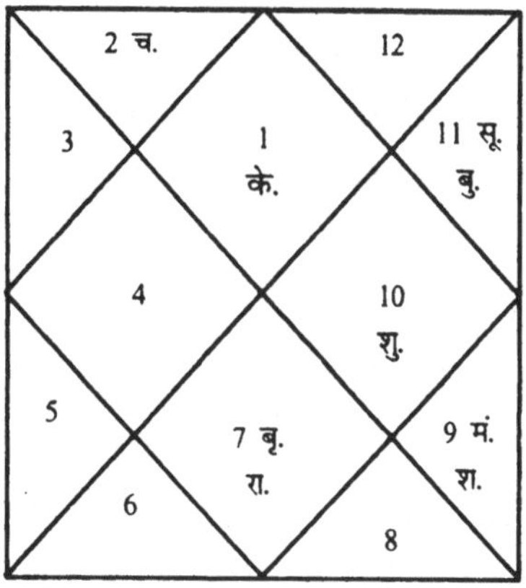

नवांश चक्रम्

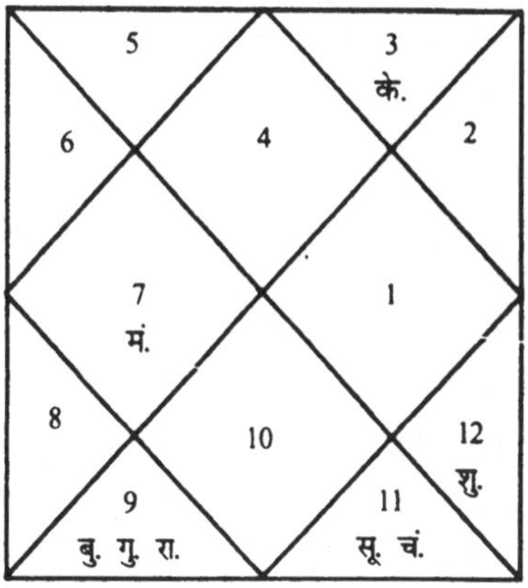

ग्रह	सूर्य	चंद्रमा	मंगल	बुध	बृहस्पति	शुक्र	शनि	राहु
राशि	10	1	8	10	6	9	8	6
अंश	3	5	22	8	8	8	1	9
कला	46	38	49	58	13	36	16	31

सूर्य महादशा शेष – 1 वर्ष 11 माह 27 दिन

इस जातक के समस्त ग्रह (चंद्रमा को छोड़कर) सप्तम के राहु तथा लग्नगत केतु के बीच है, जिसके परिणाम स्वरूप जन्मांग में तक्षक नामक कालसर्प योग बनता है। जिसके परिणामस्वरूप जातक को स्त्री सुख हीनता, जीवन में सदैव संघर्ष, पुत्र संतान का अभाव आदि कष्टों का भोग करना चाहिए। परंतु यह जातक वर्तमान में केंद्रीय विद्यालय में अध्यापक के पद पर कार्यरत है।

जन्मांग में विद्या का स्वामी सूर्य, एकादश भाव में बुध के साथ बुधादित्य योग बना रहा है तथा पंचम भाव का कारक बृहस्पति केंद्रवर्ती

होकर बैठा है तथा पुरुष राशि में भी है। लग्नाधिपति मंगल स्वयं त्रिकोणस्थ है। चतुर्थ भाव का स्वामी चंद्रमा धन भाव में उच्च का है, जो जातक की आर्थिक, शारीरिक, मानसिक स्थिति को स्वयं स्पष्ट करता है।

जहां तक स्त्री पक्ष का प्रश्न है, सप्तम भाव का कारक शुक्र है, जो दशम भाव में बैठा है व सप्तम भाव में स्वयं शुभ ग्रह बृहस्पति है। नवांश में भी लग्न पर बृहस्पति की उच्च दृष्टि है, जिसके फलस्वरूप जातक की पत्नी पूर्णत: ईश्वरवादी व घरेलू महिला है। जातक को दो पुत्र संतान व एक कन्या संतान है।

निष्कर्ष : कहने को जातक के जन्मांग में आंशिक तक्षक नामक कालसर्प योग है, परंतु जातक को कोई भी दुष्परिणाम प्राप्त नहीं हुआ। कारण यह कोई योग नहीं होता। आप स्पष्ट रूप से देख सकते हैं कि जातक का सप्तम भाव ठीक नहीं है कारण सप्तम भाव में राहु बैठा है। जो बृहस्पति के साथ गुरु-चंडालु योग बना रहा है। परंतु सप्तमेश के केंद्रवर्ती होने के कारण तथा नवांश में सप्तमेश की उच्चस्थ अवस्था ने जातक को पूर्ण पत्नी का सुख प्रदान कराया।

सारांश रूप में यह कहा जाएगा कि इस जन्मांग में प्रत्येक घटना व भविष्यफल, ज्योतिषीय गणना द्वारा स्पष्ट किया जा सकता है। भविष्यफल कहने में कहीं भी KSY की कोई आवश्यकता नहीं है।

❑❑❑

उदाहरण 13 : इंजीनियर

जन्म तिथि– 11.07.1967, जन्म समय– 11.12 प्रात:

जन्म स्थान–रूड़की (उत्तर प्रदेश)

जन्मांग चक्रम्

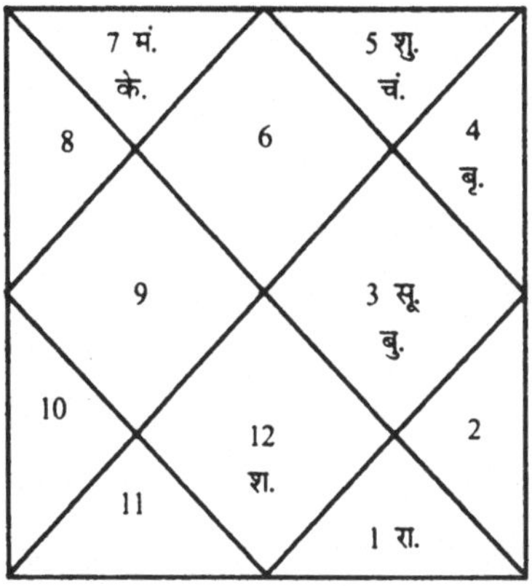

नवांश चक्रम्

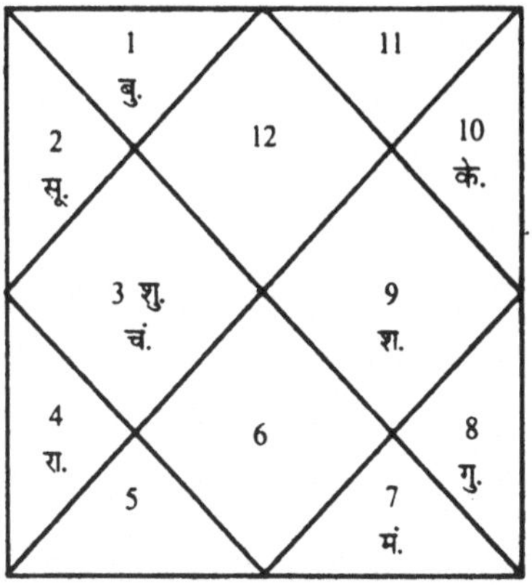

ग्रह	सूर्य	चंद्रमा	मंगल	बुध	बृहस्पति	शुक्र	शनि	राहु
राशि	2	4	6	2	3	4	11	0
अंश	24	9	2	22	15	8	18	10
कला	51	50	42	07	54	21	52	37

केतु – 1 वर्ष 9 माह 30 दिन

उपरोक्त जन्मांग में कालसर्प योग की परिभाषा के अनुसार कर्कोटक नामक KSY है, जिसके फलस्वरूप जातक को नौकरी, व्यवसाय में परेशानी, पैतृक संपत्ति का न मिलना, असाध्य, बीमारी का होना, ऑपरेशन आदि कष्टों से गुजरना चाहिए।

यह जातक इंटरमीडिएट गणित विषय से पास करने के बाद सिविल इंजीनियरिंग में डिप्लोमा प्राप्त किया तत्पश्चात इंजीनियरिंग की डिग्री पास किया व वर्तमान में रेलवे के इंजीनियरिंग विभाग में सेक्सन इंजीनियर के पद पर कार्यरत है।

देखें जातक को शिक्षा का स्वामी शनि है। जो बृहस्पति की राशि में केंद्रवर्ती होकर बैठा है तथा चतुर्थेश व सप्तमेश बृहस्पति एकादश भाव में उच्च का होकर बैठा है। नवांश में लग्नेश त्रिकोणस्थ है। जिसके परिणाम स्वरूप जातक सफल जीवन बिता रहा है। जातक का दांपत्य जीवन भी पूर्ण सुखी है। जातक को एक पुत्र व एक कन्या संतान है।

आप स्पष्ट रूप से देख सकते हैं कि कालसर्प योग की भयानकता का कोई परिणाम नहीं है। प्रत्येक शुभ ग्रह अपनी शुभता के अनुरूप फल प्रदान कर रहे हैं।

निष्कर्ष : इस जातक के जन्मांग में वर्णित कर्कोटक KSY कोई भी दुष्परिणाम प्रदान नहीं करा पाया। जातक को मात्र कष्ट पारिवारिक रहा, बचपन में जातक की माता का देहांत हो गया, परंतु KSY के कारण नहीं हुआ, मातृ सुख में कमी के स्पष्ट ज्योतिषी कारण हैं। देखें जातक की माता का स्वामी ग्रह बृहस्पति मातृस्थान से अष्टम में है तथा चतुर्थ भाव पर शनि व सूर्य की पूर्ण पाप दृष्टि है, जिसके कारण जातक की माता का स्वर्गवास हुआ। इस प्रकार आप इस उदाहरण में देख सकते हैं कि जातक की शिक्षा से लेकर, आज तक की प्रत्येक घटना का स्पष्ट व सत्य विश्लेषण ज्योतिष के मौलिक सिद्धांत के अनुसार किया जा सकता है।

❑❑❑

उदाहरण 14 : अधिकारी

जन्म तिथि– 06.06.1968, जन्म समय– 12.00 सायं,
जन्म स्थान–वाराणसी (उत्तर प्रदेश)

जन्मांग चक्रम्

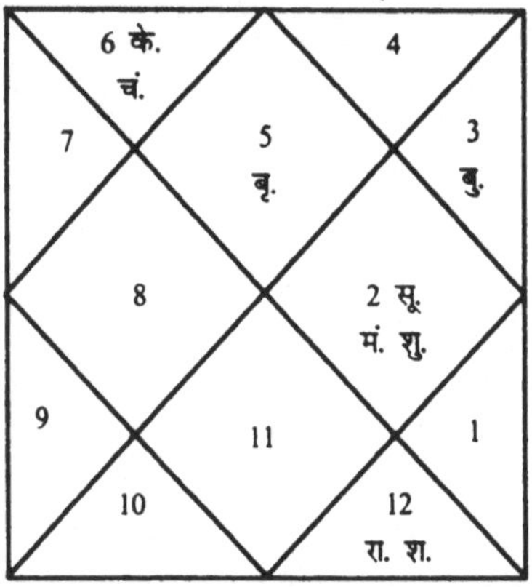

नवांश चक्रम्

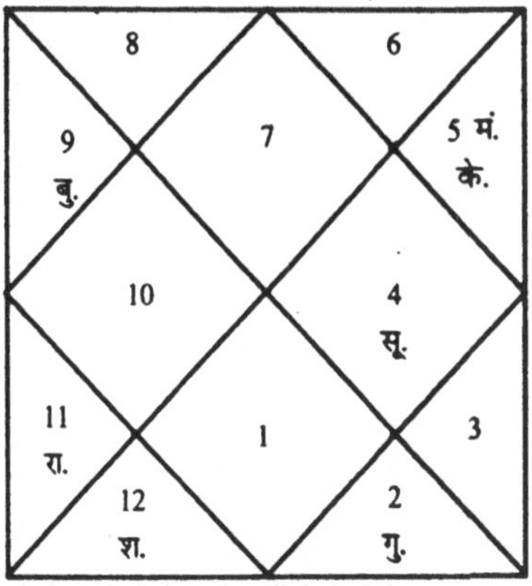

ग्रह	सूर्य	चंद्रमा	मंगल	बुध	बृहस्पति	शुक्र	शनि	राहु
राशि								
अंश	22	18	26	8	5	18	29	33
कला	12	36	28	37	21	20	03	35

चंद्र महादशा शेष – 3 वर्ष 6 माह 19 दिन

इस जातिका के जन्मांग में भी सभी ग्रह अष्टम के राहु तथा द्वितीय के केतु के बीच है जिसके कारण कर्कोटक नामक कालसर्प योग है। इसके फलस्वरूप जातिका को असाध्य रोग, भाग्यहीनता, गृह सुख में कमी आदि कष्टों से गुजरना चाहिए।

परंतु देखें, इस जातिका का विवाह मई 1990 में हुआं तथा जातिका का पति भारतीय खाद्य उर्वरक निगम में अधिकारी के पद पर कार्यरत है। जातिका को प्रथम दो जुड़वा कन्या संतान हुई तथा द्वितीय गर्भ से एक पुत्र संतान का जन्म हुआ।

जातिका का पंचमेश बृहस्पति है जो लग्नगत होकर बैठा है तथा सप्तम भाव (पति के घर) को पूर्ण दृष्टि से देख रहा है। जो दांपत्य सुख की शुभ सूचना देता है। दशम भाव में लग्नेश व भाग्येश तथा दशमेश की राज़योगकारी युति है, जिसके परिणाम स्वरूप जातिका सभी सुखों से पूर्ण जीवन का सुख प्राप्त कर रही है। ❑❑❑

उदाहरण 15 : व्यापारी

जन्म तिथि– 24.08.1976, जन्म समय– 4.40 सायं,

जन्म स्थान–अलीगढ़ (उत्तर प्रदेश)

जन्मांग चक्रम्

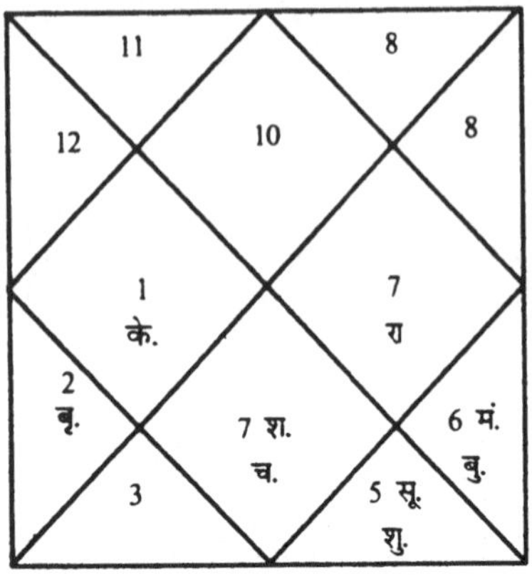

नवांश चक्रम्

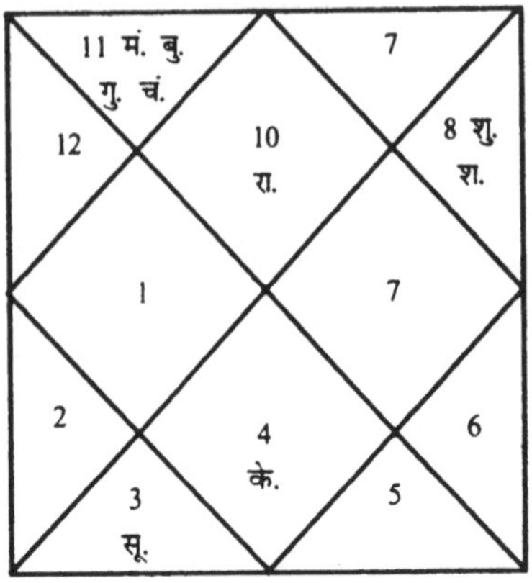

ग्रह	सूर्य	चंद्रमा	मंगल	बुध	बृहस्पति	शुक्र	शनि	राहु
राशि	4	3	5	5	1	4	3	6
अंश	7	24	6	5	6	26	16	12
कला	52	41	39	03	31	18	23	05

बुध दशा शेष – 6 वर्ष 9 माह 4 दिन

इस जातक के जन्मांग में भी पातक नामक कालसर्प योग है, जिसके कारण इसे भी गत उदाहरण में दिए गए पातक KSY के दुष्परिणाम से गुजरना चाहिए, परंतु सत्यता यह है कि यह जातक सामान्य विद्यार्थी रहा तथा ग्रेजुएशन की शिक्षा ग्रहण करने के बाद यह सर्वप्रथम फोटोकॉपी तथा स्टेशनर्स का व्यवसाय किया और आज प्रेस, कई पत्र-पत्रिकाओं का मुख्य डिस्ट्रीब्यूटर है। जातक के मातहत कम से कम 80 से 100 लोग कार्य करते हैं। जातक देखने में सुंदर छरहरे बदन का है। नवंबर 02 में जातक का विवाह सरकारी सेवा में कार्यरत एक अध्यापिका के साथ हुआ। आप स्पष्ट रूप से देख सकते हैं कि तुला राशि के दशमस्थ राहु ने जातक को व्यापारिक उंचाइयां प्रदान की न कि किसी भी प्रकार का वर्णित दुष्परिणाम। ❑❑❑

उदाहरण 16 : इंजीनियर

जन्म तिथि– 19/20.10.1982, जन्म समय– 0.15 प्रात:,

जन्म स्थान–नई दिल्ली

जन्मांग चक्रम्

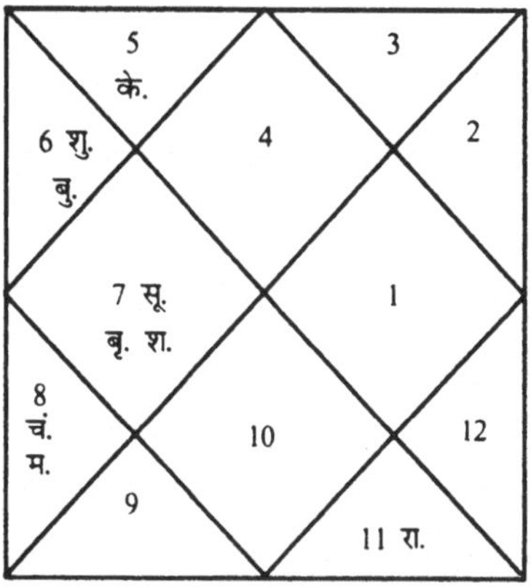

नवांश चक्रम्

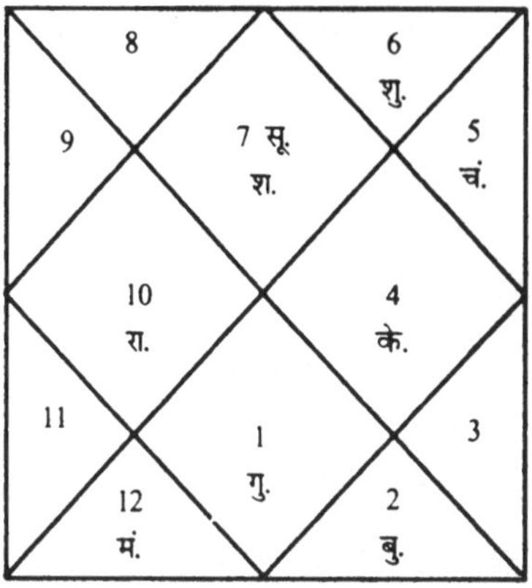

ग्रह	सूर्य	चंद्रमा	मंगल	बुध	बृहस्पति	शुक्र	शनि	राहु
राशि	6	7	7	5	6	5	6	10
अंश	2	5	27	14	21	28	1	13
कला	27	12	25	36	51	32	40	17

शनि दशा शेष – 16 वर्ष 4 माह 1 दिन

इस जातक के जन्मांग में सभी ग्रह अष्टम के राहु तथा द्वितीय के केतु के बीच स्थित है, जिसके परिणाम स्वरूप जन्मांग में पूर्ण कर्कोटक नामक कालसर्प योग बनता है। इस KSY के कारण जातक को असाध्यरोग, पैतृक संपत्ति का न मिलना, भाग्यहीनता आदि कष्टों से गुजरना चाहिए।

परंतु सत्यता यह है कि यह जातक सन् 2004 को भारतीय इंजीनियरिंग सेवा को उत्तीर्ण किया व वर्तमान में रेलवे में अभियंता के पद पर कार्यरत है। जातक को बचपन से लेकर आज तक कभी भी

किसी चीज का अभाव नहीं रहा और जातक अब स्वयं योग्य इंजीनियर हो चुका है। जातक के पिता रेलवे में मुख्य अभियंता हैं।

इसके जन्मांग में द्वितीयेश भाग्येश तथा सप्तमेश की चतुर्थ भाव में युति है तथा त्रिकोण (पंचम भाव) में जहां विद्याधिपति मंगल स्वगृही होकर बैठा है वहीं यह लग्नेश चंद्रमा के साथ युत होकर शशि-मंगला नामक राजयोग का निर्माण कर रहा है। इस उदाहरण में उल्लेखनीय बात यह भी है कि जातक ने जीवन की सभी उपलब्धियां केतु के महादशा में ही प्राप्त किया। किसी भी प्रकार से KSY का कोई परिणाम इसे नहीं मिला।

निष्कर्ष : आप स्पष्ट देख सकते हैं कि जातक के समस्त ग्रह अष्टम के राहु तथा द्वितीय के केतु के बीच है, जिसके कारण जातक को किसी शुभ ग्रह का फल प्राप्त नहीं होना चाहिए और जातक को भाग्यहीनता का अनुभव होना चाहिए। परंतु यदि आप सत्यता देखें कि जिस बालक का जन्म रेलवे के मुख्य अभियंता के घर हुआ हो और बालक स्वयं रेलवे में क्लास वन इंजीनियर हो, उसे भाग्यहीन कहां से कहा जा सकता है। अर्थात निश्चय ही जातक भाग्यशाली कहा जाएगा। जातक के जन्मांग में सभी शुभ ग्रह अपनी राशि तथा बलाबल के अनुसार उत्तम फलदायी सिद्ध हुए और इस भ्रांति का कोई भी प्रभाव नहीं पड़ा।

❑❑❑

उदाहरण 17 : अभियंता

जन्म तिथि– 16.01.1966, जन्म समय– 10.35 रात्रि,

जन्म स्थान–मुरादाबाद (उत्तर प्रदेश)

जन्मांग चक्रम्

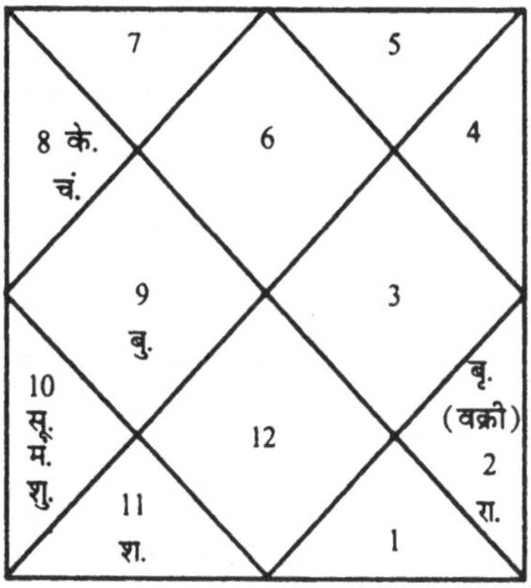

नवांश चक्रम्

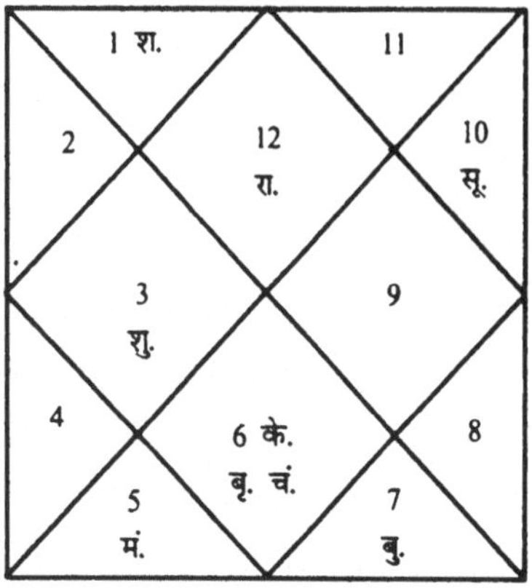

ग्रह	सूर्य	चंद्रमा	मंगल	बुध	बृहस्पति	शुक्र	शनि	राहु
राशि	9	7	9	8	1	9	10	1
अंश	2	7	25	20	29	17	20	9
कला	46	22	53	02	16	58	24	56

शनि दशा शेष – 13 वर्ष 3 माह 2 दिन

कपोल कल्पित कालसर्प योग की परिभाषा के अनुसार जातक के जन्मांग में पूर्ण शंखनाद नामक कालसर्प योग है। अतः इस जातक को भाग्यहीनता, बार-बार अपमानजनक स्थिति, अधिक परिश्रम के बाद भी सफलता न मिलना आदि कष्टकारी योग से गुजरना चाहिए।

परंतु यथार्थ में यह जातक आज रेलवे में सहायक अभियंता के पद पर कार्यरत है तथा ज्येष्ठ पुत्री के बाद एक कनिष्ठ पुत्र है। इस जातक ने रेलवे की नौकरी तृतीय श्रेणी से प्रारंभ किया तथा नौकरी करते हुए इसने ए.एम.आई. (इंडिया) की इंजीनियरिंग शिक्षा पूरी की

व विभागीय परीक्षा उत्तीर्ण करने के बाद आज यह सहायक अभियंता के पद पर कार्यरत हैं। जो कि राजपत्रित पद है। इस तरह आप देख सकते हैं कि किस प्रकार जातक के शुभ ग्रहों ने अपने पूर्ण परिणाम प्रदान किए।

जन्मांग में जातक का लग्नेश केंद्रवर्ती होकर चतुर्थ भाव में बृहस्पति की राशि में बैठा है तथा भाग्येश व पराक्रमेश की योगकारी युति है। जिसने जातक को पूर्ण मान सम्मान, सुंदर पत्नी, संतान तथा भौतिक सुख प्रदान कराया।

निष्कर्ष : इस जातक के जीवन का प्रारंभ तृतीय श्रेणी के कर्मचारी के रूप में हुआ। परंतु जातक के जन्मांग में उपस्थित शुभ ग्रहों ने जातक को न केवल उच्च शिक्षा प्रदान कराया वरन सम्माननीय पद की प्राप्ति भी कराया। नवांश जन्मांग में लग्नाधिपति बृहस्पति पंचमाधिपति के साथ बैठा है जिसके कारण बृहस्पति, चंद्रमा व केतु के साथ बैठने के बाद भी पत्नी सुख में कोई बाधा नहीं पहुंचाया और नवांश लग्न में राहु की उपस्थिति भी जातक की प्रगति को प्रभावित नहीं कर सकी, जिसका कारण जातक की शुभ ग्रहों की युति तथा शुभ दशाओं का भोग रहा। आप देख सकते हैं कि किसी भी प्रकार कपोल कल्पित KSY के कारण जातक को कोई भी दुष्परिणाम नहीं मिला।

❑❑❑

उदाहरण 18 : इंजीनियर

जन्म तिथि– 31.01.1966, जन्म समय– 10.40 रात्रि,

जन्म स्थान–सहजनवां (गोरखपुर) (उत्तर प्रदेश)

जन्मांग चक्रम्

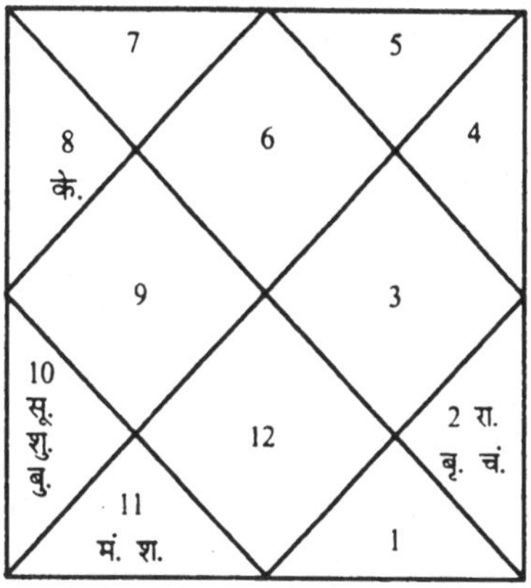

नवांश चक्रम्

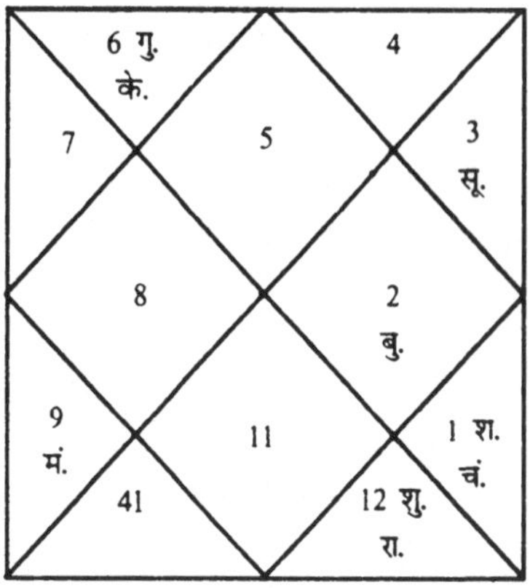

ग्रह	सूर्य	चंद्रमा	मंगल	बुध	बृहस्पति	शुक्र	शनि	राहु
राशि	9	1	10	9	1	9	10	
अंश	18	10	7	14	28	9	21	8
कला	01	46	45	11	11	23	57	36

चंद्र दशा शेष – 9 वर्ष 5 माह 2 दिन

इस जातक के पिता मुख्य अभियंता पद से सेवानिवृत्त हुए व जातक स्वयं केंद्र सरकार की सेवा में इंजीनियर के पद पर कार्यरत है। जातक का पंचमेश शनि मूल त्रिकोण राशि का होकर छठे भाव में योगकारी होकर बैठा है। तथा पंचम भाव में त्रिकोण व केंद्रेश की योगकारी युति के साथ-साथ नवम भाव में केंद्रेश व चंद्रमा की लाभकारी युति है। जिसने जातक को सभी सुख प्रदान किए। यद्यपि KSY की परिभाषा के अनुसार जन्मांग में पूर्ण शंखनाद नामक कालसर्प योग है। परंतु इस मनगढ़ंत योग के किसी भी दुष्परिणाम से जातक

कोसों दूर है। यहां यह ध्यान देने वाली बात है कि राहु की महादशा में ही जातक ने अपनी संपूर्ण शिक्षा और नौकरी प्राप्त की व विवाह भी राहु के काल में ही हुआ।

पत्नी के बारे में देख सकते हैं कि सप्तमेश उच्च के चंद्रमा के साथ बैठा है। वहीं नवांश का लग्नाधिपति सूर्य स्वयं एकादश भाव में बैठा है जिसने जातक को पढ़ी-लिखी, सुंदर पत्नी का सुख प्रदान किया।

निष्कर्ष : पूर्ण शंखनाद नामक कालसर्प योग के होने के बाद भी जातक ने सभी उपलब्धियां प्राप्त कीं, जो इस KSY का दुष्परिणाम बताया जाता है। यदि इसका आप सूक्ष्मता से विवेचना करें तो आपको स्पष्ट हो जाएगा कि जातक के शुभ ग्रह अपने बल, अवस्था व दशा के अनुरूप फल प्रदान किए। जहां तक दांपत्य जीवन का प्रश्न है तो इसमें संदेह नहीं कि सप्तमेश राहु के साथ बैठा है परंतु बृहस्पति नवम भाव में है तथा विवाह का कारक शुक्र जहां जन्मांग में त्रिकोणस्थ है वहीं नवांश में उच्च का है, जिसने जातक को पूर्ण सुखी दांपत्य जीवन दिया। आप किस आधार पर कालसर्प योग का उदाहरण यथार्थ रूप में दे सकते हैं, निश्चय ही नहीं।

❑❑❑

उदाहरण 19 : आई.ए.एस. अधिकारी

जन्म तिथि– 08.03.1962, जन्म समय– 9.30 रात्रि, जन्म स्थान–जम्मू

जन्मांग चक्रम्

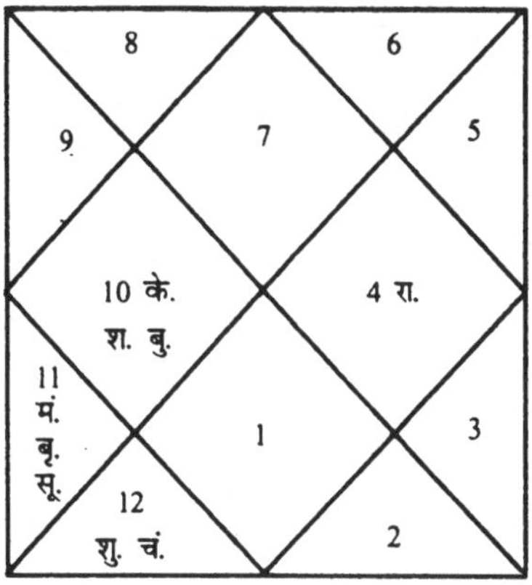

नवांश चक्रम्

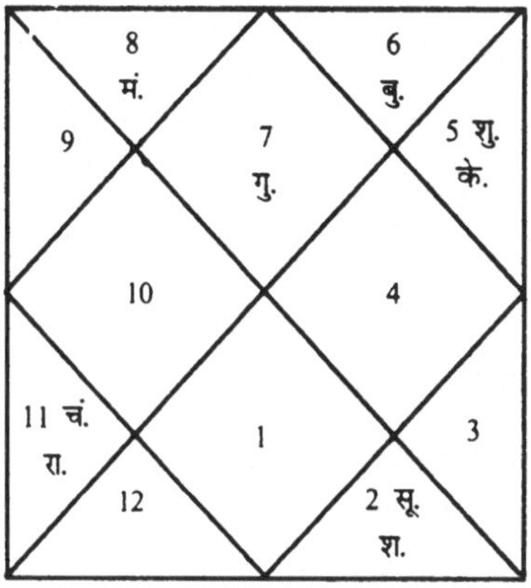

ग्रह	सूर्य	चंद्रमा	मंगल	बुध	बृहस्पति	शुक्र	शनि	राहु
राशि	10	11	10	9	10	11	9	3
अंश	24	25	3	27	2	4	13	24
कला	17	48	48	45	50	4	57	28

बुध महादशा शेष – 5 वर्ष 4 माह 5 दिन

जातक के समस्त ग्रह दशम के राहु तथा चतुर्थ के केतु के बीच बैठे हैं। जिसके परिणाम स्वरूप पातक नामक कालसर्प योग बताया जाता है। जिसके परिणाम के रूप में जातक को नौकरी नहीं मिलनी चाहिए, संपूर्ण जीवन समस्या ग्रस्त होना चाहिए तथा रोगी संतान आदि का दुख उठाना चाहिए।

परंतु सत्यता यह है कि जातक का पंचमेश शनि है। जो स्वगृही होकर चतुर्थ भाव में भाग्याधिपति बुध के साथ बैठा है। जिसके फलस्वरूप जातक को तीक्ष्ण मस्तिष्क व गजब की याददाश्त शक्ति प्रदान कराया। प्रशासनिक सेवा के कारक ग्रह सूर्य तथा मंगल भी

पराक्रमेश के साथ पंचम भाव में बैठे हैं व दशमाधिपति चंद्रमा उच्च के लग्नाधिपति के साथ बैठा है। तथा दशम भाव में योगकारी राहु बैठा है जिसने जातक को प्रशासनिक सेवा प्रदान की। यहां यह भी ध्यान देने **योग्य है कि जातक को आई.ए.एस. (प्रशासनिक) सेवा में सफलता की केतु की महादशा में बुध की अंतर्दशा में ही प्राप्त हुआ। जातक को ज्येष्ठ पुत्र तथा छोटी कन्या का सुख भी प्राप्त है।**

इस तरह आप देख सकते हैं कि जातक की सफलता में किस तरह राहु व केतु ने महत्त्वपूर्ण योगदान दिया।

जहां तक दांपत्य जीवन का पक्ष है तो देखें–जन्म चक्र में सप्तम भाव का स्वामी मंगल है जो पंचम भाव में बृहस्पति नामक शुभ ग्रह के साथ बैठा है तथा नवांश चक्र में भी लग्न में बृहस्पति है व लग्नाधिपति शुक्र एकादश भाव में बैठा है। जिसके कारण जातक को दांपत्य जीवन का पूर्ण सुख प्राप्त है।

निष्कर्ष : पातक नामक कालसर्प योग वाले जातक को नौकरी नहीं मिलनी चाहिए व जीवन समस्या ग्रस्त होना चाहिए। क्या भारत में आई.ए.एस. से बड़ी कोई नौकरी है? जिससे यह निष्कर्ष निकाला जाए कि जातक दुर्भाग्य के कारण अपना लक्ष्य प्राप्त नहीं कर सका। पाठको! यह कालसर्प योग का उदाहरण निश्चय ही आपको सोचने के लिए विवश करेगा कि यह मात्र एक भ्रांति है। यह सत्यता शून्य है।

❑❑❑

उदाहरण 20 : प्रोफेसर

जन्म तिथि– 9.2.1964, जन्म समय– 7.00 सायं,
जन्म स्थान–नई दिल्ली

जन्मांग चक्रम्

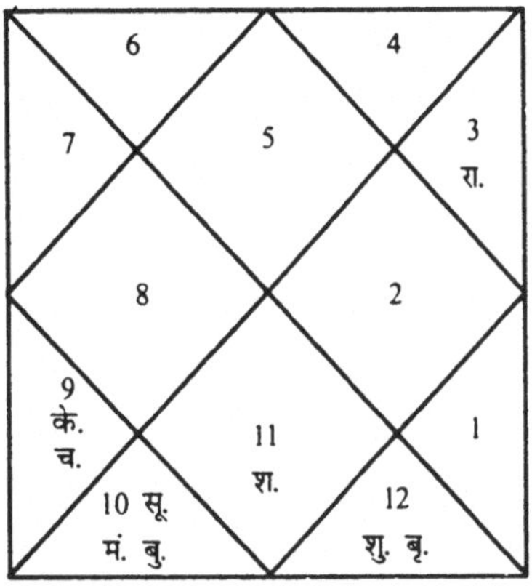

नवांश चक्रम्

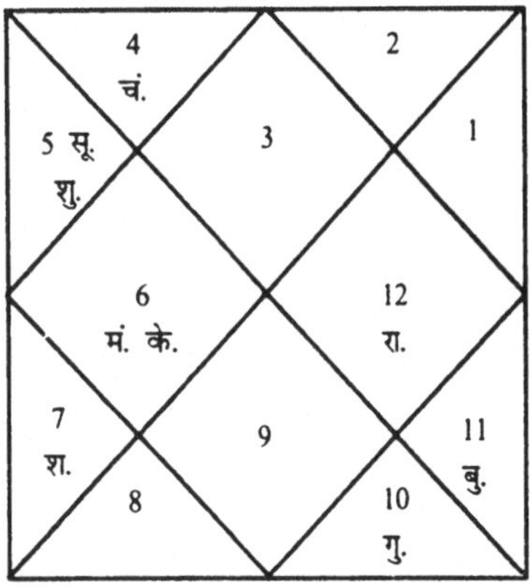

ग्रह	सूर्य	चंद्रमा	मंगल	बुध	बृहस्पति	शुक्र	शनि	राहु
राशि	9	8	9	9	11	11	10	02
अंश	26	10	28	4	22	05	01	17
कला	29	20	10	47	55	05	33	26

केतु दशा शेष – 1 वर्ष 6 माह 29 दिन

कालसर्प योग के परिणाम के अनुसार जातक के जन्मांक में विषाक्त नामक कालसर्प योग है, अत: इसके परिणाम स्वरूप जातक को अनिद्रा, रोजी-रोटी की समस्या, हृदय रोग, कोर्ट कचहरी से संबंधित परेशानी आदि कष्टों से समस्या होनी चाहिए।

परंतु सत्यता यह है कि जातक ने उच्च शिक्षा ग्रहण की तथा प्रबंधन के क्षेत्र में मास्टर डिग्री लेने के बाद यह विदेश चला गया और वहां प्रबंधन का विषय पढ़ाता है। विदेश में जातक ने भू-संपदा, वाहन आदि सुख प्राप्त किया। जातक का वर्ष 1991 में विवाह हुआ व प्रथम

पुत्र संतान का सुख प्राप्ति किया। आप देख सकते हैं कि जातक का पंचामधिपति बृहस्पति, अष्टम भाव में उच्च के दशमाधिपति के साथ बैठा है। साथ ही साथ लग्नाधिपति, भाग्याधिपति, एकादशेश की छठे भाव में योगकारी युति है। नवांश चक्र में जातक का सप्तमाधिपति शनि उच्चस्थ है, जो लग्नचक्र में भी स्वगृही होकर बैठा है, जिसके परिणाम स्वरूप जातक को सुंदर, सुशील व पढ़ी-लिखी पत्नी प्राप्त हुई।

एकादश भाव के राहु ने अपनी अंतर्दशाओं में न केवल जातक को शिक्षा क्षेत्र में विशेष सफलता प्रदान कराई अपितु विदेश तथा धन का अच्छा माध्यम भी प्रदान कराया।

निष्कर्ष : कालसर्प योग की प्रचलित परिभाषा के अनुसार जातक के समस्त ग्रह पापाक्रांत होने चाहिए व जातक के शुभ ग्रह भी फल नहीं देने चाहिए, परंतु आप जन्मांग देखें और विचार करें कि यह जातक अभी मात्र 32 वर्ष का है तथा विदेश जाकर पूर्णतः व्यवस्थत है। क्या इसे दुर्भाग्य कहा जा सकता है? क्या स्पष्ट कालसर्प योग होने के बाद भी जातक की प्रगति कहीं बाधित हुई? निश्चय ही नहीं, बल्कि जातक ने वह सब कुछ प्राप्त किया जो प्रत्येक नवयुवक का स्वप्न होता है।

जन्मांग में प्रत्येक शुभ ग्रहों तथा उनकी दशाओं के कारण यह जातक आज अपने लक्ष्य को प्राप्त कर पाया। इस कपोल कल्पित विषाक्त कालसर्प योग मात्र कल्पना ही रह गया।

❑❑❑

उदाहरण 21 : चिकित्सक

जन्म तिथि– 18.03.1950, जन्म समय– 9.30 प्रातः,
जन्म स्थान–गोरखपुर (उत्तर प्रदेश)

जन्मांग चक्रम्

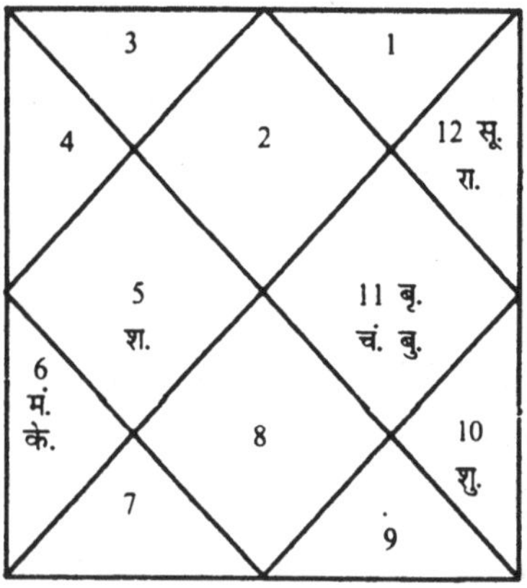

नवांश चक्रम्

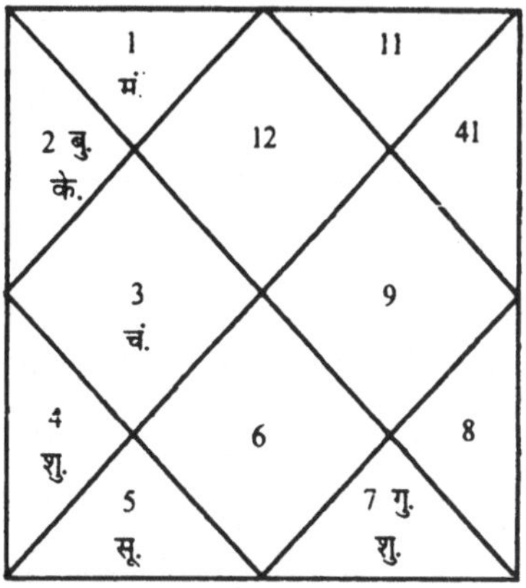

ग्रह	सूर्य	चंद्रमा	मंगल	बुध	बृहस्पति	शुक्र	शनि	राहु
राशि	11	10	05	10	10	9	4	11
अंश	3	28	10	24	1	20	22	14
कला	50	32	49	32	7	30	1	9

बृहस्पति दशा शेष – 5 वर्ष 9 माह 1 दिन

यह जन्मांग एक चिकित्सक का है, जिसने एम.बी.बी.एस. की शिक्षा ग्रहण करने के बाद एम.डी. किया व भारतीय रेल चिकित्सा सेवा में चयनित हुआ। वर्तमान में यह चिकित्सा निदेशक के पद पर कार्यरत है।

इस जातक का जन्म गोरखपुर जिले में हुआ व वर्तमान में भी जातक गोरखपुर में ही कार्यरत है। जातक को एक पुत्र तथा दो पुत्री संतान का सुख प्राप्त है। इस जातक के जन्मांग में विषाक्त नामक कालसर्प योग है क्योंकि समस्त ग्रह एकादश के राहु तथा पंचम के केतु

के बीच में है। जिसके फलस्वरूप जातक को अनिद्रा की शिकायत, रोजी रोटी के लिए घर से दूर रहने का कष्ट, हृदय रोग, जीवन भर कोर्ट कचहरी का दुख उठाना चाहिए था। परंतु जातक को किसी भी प्रकार का कोई दुख नहीं है। क्योंकि जन्मांग में लग्नेश भाग्य भाव में मित्र ग्रही है तथा दशम भाव में पंचमेश, पराक्रमेश व एकादशेष की युति है। तथा नवांश में जातक का भाग्याधिपति व कर्मेश उच्च का होकर बैठा है। पंचम भाव में मंगल, केतु की युति के कारण जातक ने चिकित्सा में अपार लोकप्रियता भी प्राप्त की।

जहां तक दांपत्य जीवन का प्रश्न है वहां भी जातक भाग्यशाली है। जातक का विवाह एक सुशील, धर्मपरायण जातिका के साथ हुआ। देखें जन्मांग में सप्तमेश मंगल पंचम भाव में केतु के साथ है, परंतु पत्नी का कारक शुक्र नवम भाव में मित्रगृही होकर बैठा है और नवांश जन्मांग में शुभ ग्रह बृहस्पति के साथ स्वगृही है।

निष्कर्ष : जातक ने जहां जन्म लिया वहीं कार्य करता है तथा न ही कोई कोर्ट कचहरी का विवाद है न ही जातक हृदय रोगी है। समस्त दुष्परिणाम जो विषाक्त कालसर्प योग के गिनाए जाते हैं, वे मिथ्या साबित हुए। जातक के जन्मांग के शुभ ग्रहों की उत्तम अवस्था ने जातक को संपूर्ण सांसारिक सुख प्रदान किए।

❑❑❑

उदाहरण 22 : इंजीनियर

जन्म तिथि– 8.03.1964, जन्म समय– 6.00 सायं,
जन्म स्थान–भोपाल

जन्मांग चक्रम्

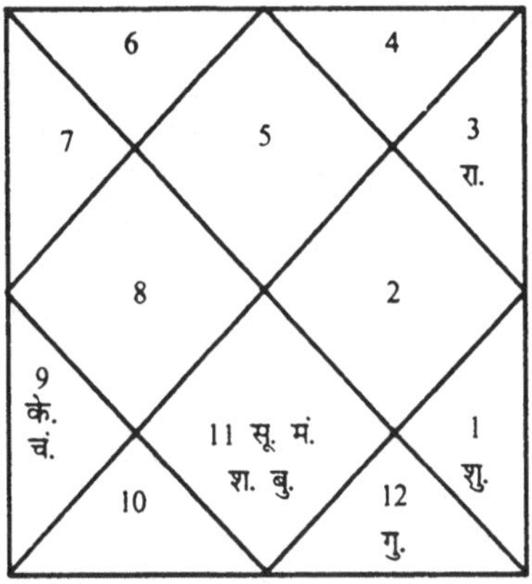

नवांश चक्रम्

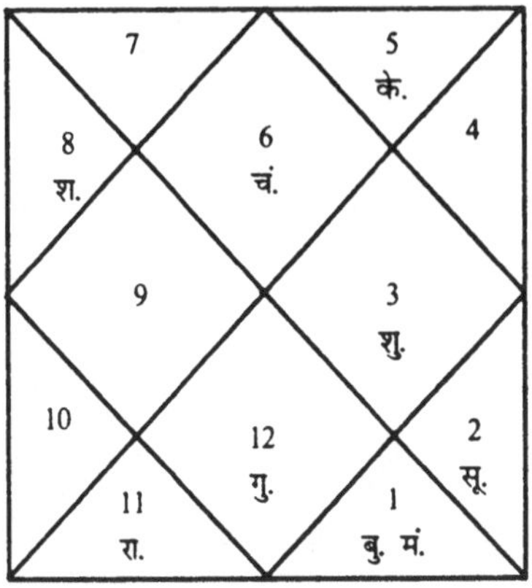

ग्रह	सूर्य	चंद्रमा	मंगल	बुध	बृहस्पति	शुक्र	शनि	राहु
राशि	10	8	10	10	11	0	10	2
अंश	24	17	20	20	28	7	4	15
कला	38	36	14	16	35	47	54	20

शुक्र दशा शेष – 13 वर्ष 6 माह 28 दिन

इस जातक के जन्मांग में विषाक्त नामक कालसर्प योग है। इसके परिणाम स्वरूप जातक को गृह सुख से वंचित रहना चाहिए तथा भाई बहनों से मतभेद, विवाद, भाग्यहीनता आदि का कष्ट उठाना चाहिए। उपरोक्त जन्मांग एक ऐसे जातक का है जिसने इंजीनियरिंग सेवा की परीक्षा उत्तीर्ण की व वर्तमान में मिलिट्री इंजीनियरिंग सेवा में कार्यरत है। इस जातक को मात्र दो पुत्र संतान का सुख है।

देखिए जातक का जन्म सिंह लग्न में हुआ है तथा केंद्र स्थान में लग्नेश, भाग्येश, सुखेश, एकादशेश तथा सप्तमेश की राजयोगकारी युति है। नवांश में बृहस्पति वर्गोत्तम है। उपरोक्त ग्रह स्थिति ने जातक को संपूर्ण सुख प्रदान किया। एकादश के राहु ने जातक को सर्वोत्तम इंजीनियरिंग सेवा में उत्तीर्ण किया, आज क्लास वन इंजीनियर बना दिया। ❑❑❑

उदाहरण 23 : वरिष्ठ आई.ए.एस.

जन्म तिथि– 17.10.1953, जन्म समय– 11.00 दोपहर,
जन्म स्थान–लखनऊ (उत्तर प्रदेश)

जन्मांग चक्रम्

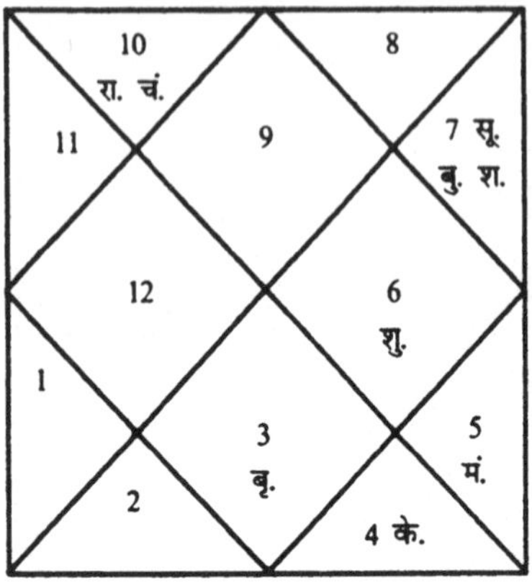

नवांश चक्रम्

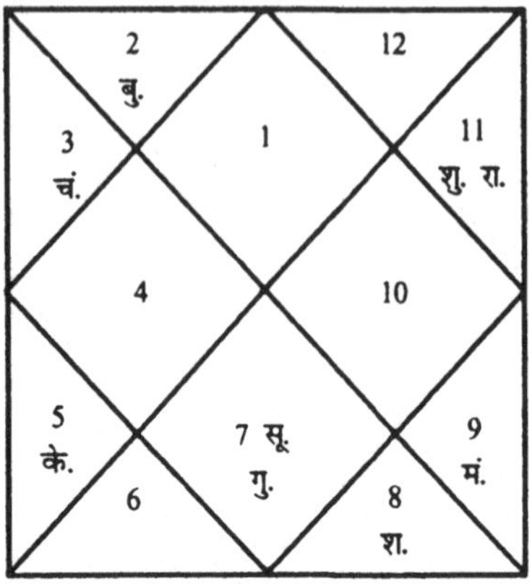

ग्रह	सूर्य	चंद्रमा	मंगल	बुध	बृहस्पति	शुक्र	शनि	राहु
राशि								
अंश	0	17	27	23	3	05	06	05
कला	20	02	13	42	14	03	08	59

चंद्र दशा शेष – 4 वर्ष 8 माह 20 दिन

इस जातक के जन्मांग में बृहस्पति को छोड़कर शेष सभी ग्रह राहु तथा केतु के मध्य स्थित है जिसके कारण जातक को ज्योतिषियों ने कुलिक KSY बताया। जिसके परिणामस्वरूप जातक को स्वास्थ्य में परेशानी, असंतोष, आर्थिक तंगी, पति–पत्नी में दुराव इत्यादि का कष्ट भोगना चाहिए।

जातक को वर्ष 1965 से 1983 तक राहु की दशा से गुजरना पड़ा, जातक का लगभग संपूर्ण विद्यार्थी जीवन, राहु की दशा में व्यतीत हुआ। जातक प्रारंभ से ही मेधावी छात्र रहा व राहु की महादशा में सूर्य की अंतर्दशा में जातक ने आई.ए.एस. की परीक्षा उत्तीर्ण की तथा अपने नौकरी काल में जिलाधिकारी, मंडलायुक्त, सचिव आदि पदों पर कार्य किया व वर्तमान में प्रमुख सचिव भारत सरकार के पद पर कार्यरत है। जातक ईमानदार, कर्मठ व अनुशासनप्रिय शासक है। ❑❑❑

उदाहरण 24 : आई.पी.एस. अधिकारी

जन्म तिथि– 17.02.1969, जन्म समय– 10.30 प्रातः,

जन्म स्थान–लखनऊ (उत्तर प्रदेश)

जन्मांग चक्रम्

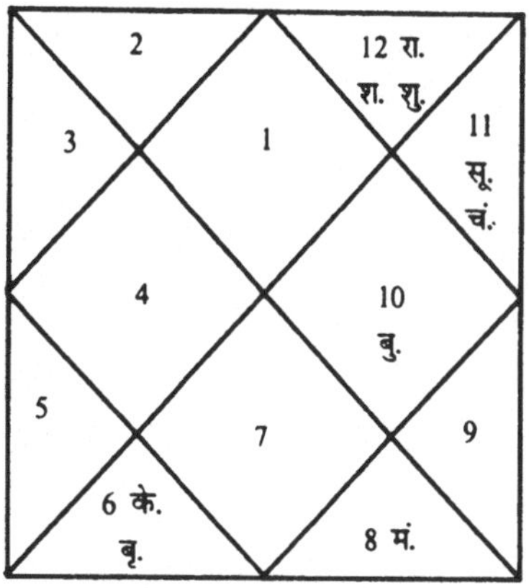

नवांश चक्रम्

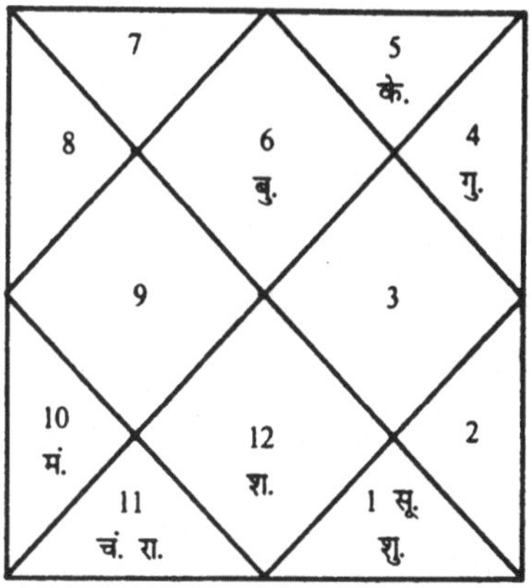

ग्रह	सूर्य	चंद्रमा	मंगल	बुध	बृहस्पति	शुक्र	शनि	राहु
राशि								
अंश	4	11	2	9	11	19	28	7
कला	56	52	50	14	26	54	09	04

राहु दशा शेष – 10 वर्ष 11 माह 18 दिन

तथाकथित कालसर्प योग के प्रकार में जातक के जन्मांक में सभी ग्रह द्वादश के राहु तथा षष्टम के केतु के बीच बैठे हैं, जिसके कारण जन्मांग में शेष नाग नामक कालसर्प योग पाया जा रहा है। इस कालसर्प योग के परिणाम स्वरूप जातक को सदैव शत्रु पीड़ा, न्यूनतम भोग सुख, शारीरिक रोग, सदैव विवाद, नेत्र रोग आदि कष्टों से गुजरना चाहिए।

सत्यता यह है कि जातक के पिता राज्य सरकार की सेवा में अधिकारी पद पर कार्यरत थे। बचपन पूर्ण रूप से आराम से बीता व स्वयं जातक प्रारंभ से ही कुशाग्र बुद्धि का रहा, जिसके परिणाम स्वरूप

जातक ने द्वितीय प्रयास में भारतीय प्रशासनिक सेवा की परीक्षा उत्तीर्ण की व वर्तमान में आई.पी.एस. हो एस.एस.पी. (पुलिस) के पद पर कार्यरत है। जातक को एक पुत्र तथा एक कन्या संतान है।

स्पष्ट है कि जातक के जन्मांग में अन्य शुभ ग्रहों को युति के कारण कोई भी नकारात्मक परिणाम प्राप्त नहीं हुआ। देखें जातक का जन्म मेष लग्न का है तथा लग्नेश मंगल स्वयं की राशि में बैठा है व विद्याभाव का स्वामी बृहस्पति जन्म चक्र में छठे भाव में बैठा है वहीं नवांश में एकादश भाव में उच्चस्थ है। तथा बुद्धिमत्ता का कारक, व मस्तिष्क की तीक्ष्णता का स्वामी ग्रह बुध, जहां दशम भाव में बैठा है वहीं नवांश में उच्च का होकर बैठा है, जिसने जातक को कुशाग्र बुद्धि प्रदान किया। एकादश भाव में चतुर्थेश व पंचमेश की युति है। जो स्वयं विद्या में निपुणता का योग है, जिसके कारण जातक आई.पी.एस. अधिकारी बन सका।

निष्कर्ष : जातक के जन्मांग में प्रचलित कालसर्प योग के पाए जाने के बाद भी जातक को कोई दुष्परिणाम प्राप्त नहीं हुआ, जो स्पष्ट रूप से दर्शाता है कि जन्मांग की इमानदारी के साथ विवेचना, भविष्यफल के लिए आवश्यक है। कालसर्प योग का कोई स्थान नहीं है।

❑❑❑

उदाहरण 25 : अध्यापक व नेता
जन्म तिथि– 10.04.1960, जन्म समय– 8.30 रात्रि,
जन्म स्थान–लखनऊ (उत्तर प्रदेश)

जन्मांग चक्रम्

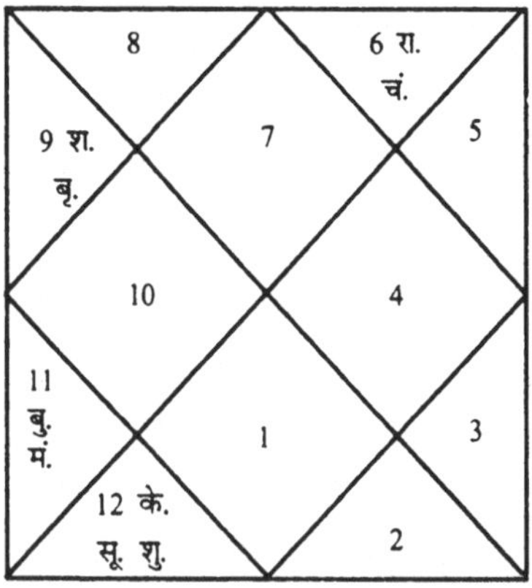

नवांश चक्रम्

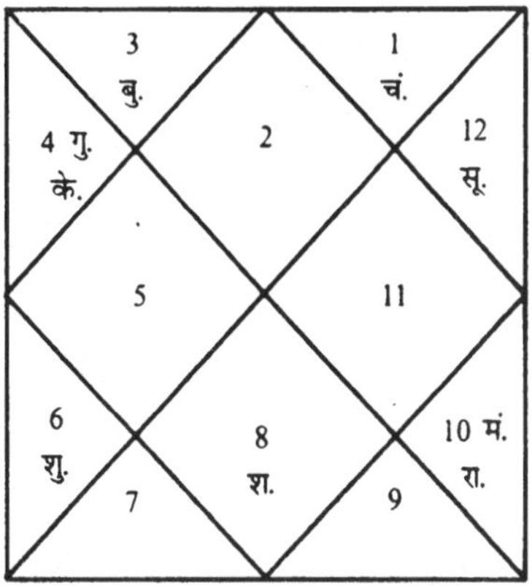

ग्रह	सूर्य	चंद्रमा	मंगल	बुध	बृहस्पति	शुक्र	शनि	राहु
राशि	11	5	10	10	8	11	8	5
अंश	27	11	13	29	10	8	24	1
कला	27	30	09	58	11	10	53	16

चंद्र महादशा शेष – 8 वर्ष 10 माह 17 दिन

कालसर्प की परिभाषा के अनुसार जातक के जन्मांग में शेषनाग नामक कालसर्प योग है, अत: इससे समुचित दुष्परिणाम भी प्राप्त होने चाहिए। यह जातक सामान्य शिक्षा ग्रहण करने के बाद बी.एड. की परीक्षा उत्तीर्ण की व अपने पैतृक गांव में ही विद्यालय में अध्यापक के पद पर कार्यरत है। वर्ष 1989 में जातक का झुकाव गांवों की राजनीति में हुआ व वर्तमान में जातक लगातार 15 वर्षों से ग्राम प्रधान भी है। इस तरह यह स्पष्ट होता है कि जातक को जीवन में सदैव गृह सुख मिलता रहा जो शेषनाग नामक कालसर्प योग को मुख पर तमाचा की भांति है।

निष्कर्ष : पीछे दिए गए उदाहरणों से आपको स्पष्ट हो गया होगा कि सारे ग्रहों के राहु व केतु के बीच पड़ जाने से कोई नकारात्मक परिणाम प्राप्त नहीं होता, बल्कि अच्छे व बुरे परिणाम इस बात पर निर्भर करते हैं कि जातक के जन्मांग में विभिन्न ग्रहों की स्थिति क्या है? उनका बलाबल क्या है? कौन-सी दशा चल रही है? जातक के जन्मांग में कोई राजयोग तो नहीं, या किसी प्रकार का अन्य योग तो नहीं आदि।

सदैव भविष्यवाणी करते समय उपरोक्त तथ्यों पर ध्यान दिया जाना चाहिए न कि कालसर्प योग पर।

- उदाहरणों से यह भी स्पष्ट है कि जिन जातकों का राहु व केतु तृतीय, पंचम, षष्ठ, नवम, दशम, एकादश भावों में है और इनकी दशा मिली है। जातक को निश्चय ही लाभकारी परिणाम प्राप्त हुए हैं।
- राहु व केतु का फल स्वतंत्र न होकर परावलंबी है।
- आपने यह भी देखा कि जिन-जिन जातकों के जन्मांगों में उत्तम योग है, उनका परिणाम उन्हें अवश्य परिणाम मिला है। राह व केतु के कारण किसी का शुभ योग समाप्त नहीं हुआ है।
- जातकों को नौकरी/व्यवसाय, उनके जन्मांग के अन्य ग्रहों के अनुकूल अवश्य प्राप्त होती है। राहु-केतु में कहीं रुकावट नहीं हैं। निष्कर्षत: यह स्पष्ट हो जाता है कि कालसर्प योग एक निश्चय ही भ्रामक प्रचार है।
- आपने यह भी देखा कि कुछ जातकों का पूर्ण अध्ययन काल ही राहु या केतु की दशा में रहा है, परंतु जन्मांग में विद्या का योग तथा अन्य योग का परिणाम जातकों को निश्चय ही प्राप्त हुआ है, राहु व केतु के कारण जन्मांग में कोई भी विशिष्ट योग बाधित नहीं हुआ है।

❑❑❑

उदाहरण 26 : पं. जवाहरलाल नेहरू

जन्म तिथि– 14.11.1889, जन्म समय– 11.12 रात्रि,
जन्म स्थान–इलाहाबाद (उत्तर प्रदेश)

जन्मांग चक्रम्

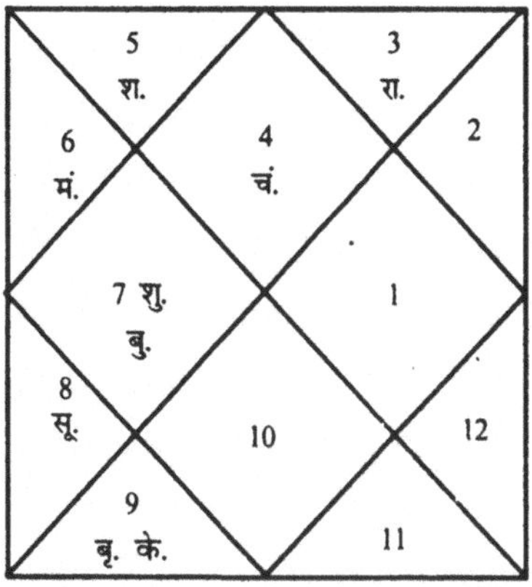

नवांश चक्रम्

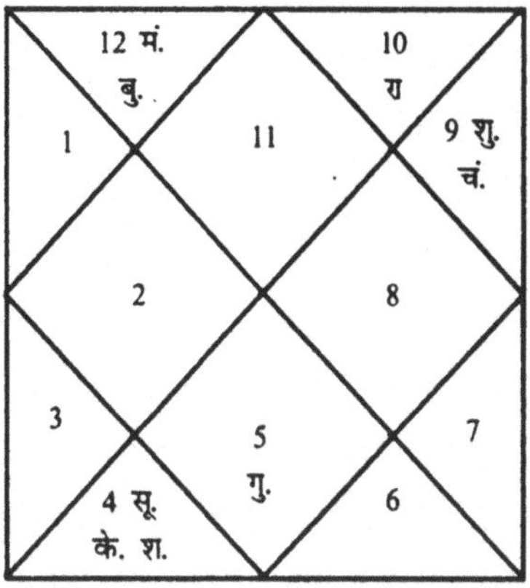

ग्रह	सूर्य	चंद्रमा	मंगल	बुध	बृहस्पति	शुक्र	शनि	राहु
राशि	7	3	5	6	8	6	4	2
अंश	0	17	9	17	15	07	10	11
कला	16	56	59	09	11	22	47	13

बुध महादशा – 15 वर्ष 4 माह 17 दिन

लगभग सभी ज्योतिषी, पं. नेहरू के जन्मांग में कालसर्प योग का उदाहरण देते हैं। कालसर्प योग के प्रकार के फलस्वरूप इनके जन्मांग में शेषनाग नामक कालसर्प योग बताया जाता है। इसके फलस्वरूप जातक सदैव शत्रुओं से पीड़ित रहता है। जीवन भर बदनामी झेलता है व शल्य चिकित्सा से गुजरना

पड़ता है और यदि जन्मांग में कोई राजयोग हो तो मृत्युपरांत प्रसिद्धि मिलती है।

यहां आप देखें कि ज्योतिषियों द्वारा प्रचारित कालसर्प योग का कितना घिनौना उदाहरण है नेहरू जी का जन्मांग। इनके जन्मांग में धनु राशि का केतु 11^0 का है, बृहस्पति 15^0 है। अर्थात केतु धीरे-धीरे वृश्चिक राशि की तरफ बढ़ेगा तथा बृहस्पति मकर राशि की तरफ। अर्थात बृहस्पति नामक ग्रह, केतु के Axis के बाहर है। अत: किसी भी प्रकार का कोई KSY नहीं हो सकता, परंतु धन लालुप्ता तथा भ्रांति को अमली जामा पहनाने के लिए किसी महान जातक के जन्मांग में इसका गलत उदाहरण देकर लोगों को गुमराह करने का यह प्रयास है। यदि हम जवाहरलाल जी के जन्मांग का विश्लेषण करें तो यह तथ्य सामने आता है–इनका बाल्यकाल पूर्ण ऐश्वर्यशाली रहा, पिता पं. मोतीलाल नेहरू ने जवाहरलाल को पढ़ाने के लिए उस समय अंग्रेज अध्यापक को घर पर रखा था तथा पुन: उच्च शिक्षा के लिए विदेश भेज दिया। वहां भी नेहरू जी ने समृद्धिशाली ढंग से रहते हुए अपनी शिक्षा पूरी की। इन्हें अपने पूर्ण जीवन में कभी अर्थाभाव नहीं देखना पड़ा। शिक्षा के उपरांत भारतीय स्वतंत्रता की लड़ाई में कूद पड़े व महात्मा गांधी के परम विश्वासी शिष्य बने रहे। आजादी के बाद देश के प्रथम प्रधानमंत्री हुए जबकि उस समय कई ऐसे वरिष्ठ नेता थे जो इस पद के प्रथम दावेदार थे, जिनमें सरदार वल्लभ भाई पटेल अग्रणी थे। परंतु भाग्य ने यहां जवाहरलाल नेहरू को सबकी उपेक्षा कर प्रधानमंत्री बना दिया गया तथा जीवन पर्यंत ये प्रधानमंत्री रहे। क्या? इन्हें दुर्भाग्यशाली कहा जाएगा? यदि नेहरू दुर्भाग्यशाली हैं तो भाग्यशाली किसे कहा जाएगा?

समाज में भ्रांति फैलाने वालों का यह तर्क है कि इन्हें पत्नी का पूर्ण सुख नहीं प्राप्त हुआ। यह भी नासमझी भरा तर्क है। देखें जन्मांग में पत्नी का स्वामी शनि है जो शत्रु ग्रही होकर द्वितीय भाव (धन व परिवार) में बैठा है तथा स्त्री का कारक शुक्र व चंद्रमा दोनों ही पापकर्तरी योग में बैठे हैं जिसके कारण इन्हें पत्नी का सुख कम मिला न कि KSY के कारण।

❑❑❑

उदाहरण 27 : महात्मा गांधी

जन्म तिथि– 2.10.1869, जन्म समय– 7.44 प्रात:,

जन्म स्थान–पोरबंदर (गुजरात)

जन्मांग चक्रम्

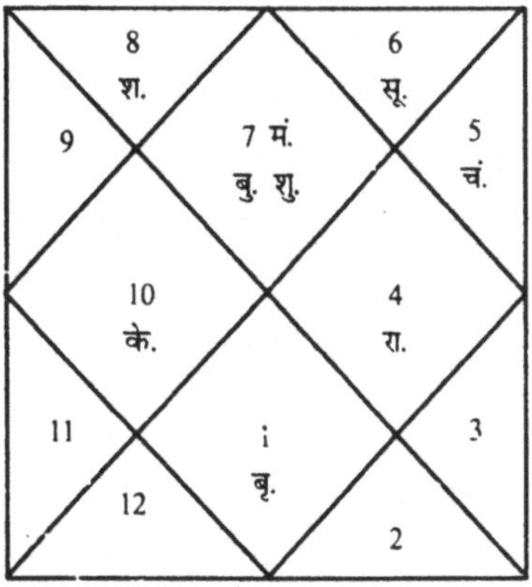

नवांश चक्रम्

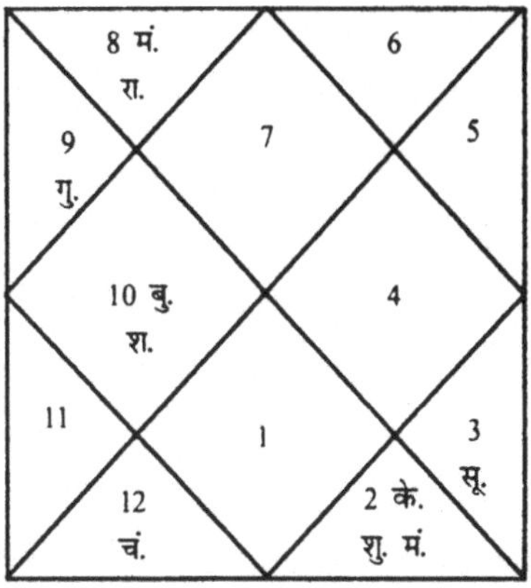

ग्रह	सूर्य	चंद्रमा	मंगल	बुध	बृहस्पति	शुक्र	शनि	राहु
राशि	5	4	6	6	0	6	7	3
अंश	16	27	26	11	28	24	20	13
कला	53	45	21	44	10	23	21	33

बुध महादशा शेष – 2 वर्ष 10 माह 10 दिन

महात्मा गांधी जी के जन्मांग में भी कालसर्प योग का उदाहरण दिया जाता है। और कहा जाता है कि कालसर्प योग के कारण ही इनकी हत्या हुई थी। जन्मांग में राहु दशम तथा केतु चतुर्थ भाव में है, बृहस्पति को छोड़ शेष ग्रह इनके बीच में हैं। फलस्वरूप जन्मांग में पातक नामक KSY कहा

जाएगा, जिसके फलस्वरूप नौकरी/व्यापार, अनापेक्षित कष्ट आदि प्राप्त होता है। जबकि सत्यता यह है कि 1919 में जैसे ही राहु की दशा प्रारंभ हुई, गांधी जी को इसी दशम भाव के राहु ने महात्मा बना दिया। न केवल महात्मा बनाया, वरन संपूर्ण विश्व में अहिंसा के पुजारी की उपाधि प्रदान कराई। प्रसिद्धि भी ऐसी कि जो आज तक शायद ही किसी को मिली है। भारत में राष्ट्रपिता के नाम से जाने जाने वाले बापू के अनुयायी संपूर्ण विश्व में हैं। गांधी जी की मृत्यु का कारण KSY नहीं है बल्कि लग्नगत मंगल (जो गोली, बारूद, अग्नेयास्त्र आदि का कारक है) जो द्वितीय तथा सप्तम भाव का नेतृत्व करता है तथा सप्तम व अष्टम भाव को पूर्ण दृष्टि से देखता है व द्वितीय भाव में बैठा शत्रुग्रही शनि भी अष्टम भाव (मृत्यु के प्रकार) पर दृष्टिपात कर रहा है व सूर्य लग्न से द्वादश हो, लग्न को पापकर्तरी में बना रहा है। जिसके कारण बृहस्पति नामक मारक ग्रह की महादशा में दूसरे मारक सूर्य की अंतर्दशा में गांधी जी की मृत्यु, गोली लगने से हुई। गांधी जी की मृत्यु में राहु व केतु का कोई योगदान नहीं रहा अपितु राहु की महादशा ने ही इनके जीवन में राजनीति का प्रारंभ कराया। गांधी जी के जन्मांग में कालसर्प योग का उदाहरण देने का उद्देश्य मात्र जनसामान्य को विचलित करना है, जिससे लोग यह समझ सकें कि यह एक भयानक योग है और गांधी जी जैसे व्यक्तित्व को भी समाप्त कर दिया, जबकि सत्यता का विश्लेषण मैंने पहले ही कर दिया।

आप देखें कि गांधी जी के जन्मांग में योगकारी राहु, शुक्र, बुध, शनि सभी ग्रहों का परिणाम प्राप्त हुआ है, राहु व केतु ने किसी भी योग को नहीं कम किया और न ही समाप्त किया।

❑❑❑

उदाहरण 28 : मरोरजी देसाई

जन्म तिथि– 29.02.1896, जन्म समय– 2.45 सायं लगभग

जन्मांग चक्रम् | **नवांश चक्रम्**

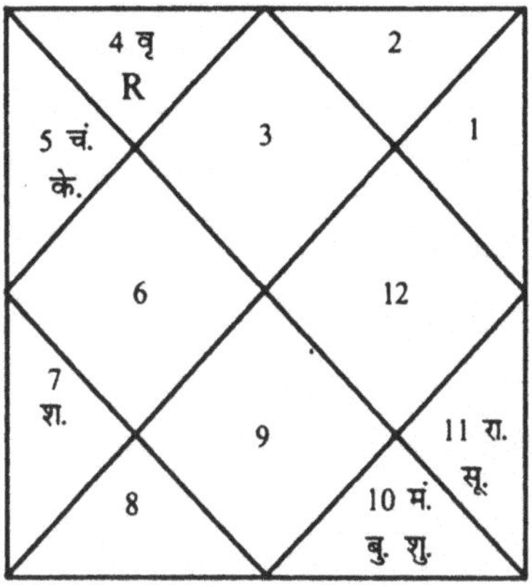

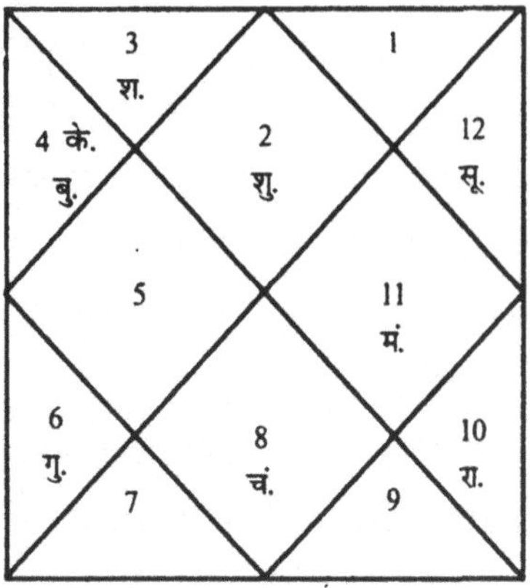

ग्रह	सूर्य	चंद्रमा	मंगल	बुध	बृहस्पति	शुक्र	शनि	राहु
राशि	10	4	9	9	3	9	6	10
अंश	17	25	05	21	7	14	26	11
कला	55	50	17	19	40	38	43	13

शुक्र दशा शेष – 1 वर्ष 2 माह 28 दिन

देश के प्रधानमंत्री रह चुके श्री मोरारजी देसाई के जन्मांग में कालसर्प योग का उदाहरण देना पूर्णत: असत्य है, क्योंकि–
(1) जन्मांग में बृहस्पति तथा लग्न पूर्णत: राहु व केतु के अक्षों से बाहर है।
(2) यदि आंशिक कालसर्प योग कहें और केतु से निर्धारण करें तो मंगल, बुध, शुक्र और शनि अक्ष से बाहर होंगे, अत: कालसर्प का उदाहरण ही निरर्थक है।

परंतु यदि थोड़ी देर के लिए महान कालसर्प योगी पंडितों की बात मान भी लें तो इनका दीर्घ जीवन और 1921 से 1939 तक राहु की दशा में इन्होंने ब्रिटिश सरकार में नौकरी की तथा राहु के समापन काल में कांग्रेस मंत्रिमंडल में रहे। जन्मांग में यह उदाहरण कि KSY के कारण इनके संतान की मृत्यु हुई भी, पूणत: असत्य है। इसको आप स्पष्ट रूप से देख सकते हैं—अष्टम भाव तथा पंचम भाव के स्वामियों का राशि परिवर्तन है तथा अन्य कई कारण हैं। ऐसा व्यक्ति जो महाराष्ट्र का मुख्यमंत्री रहा, केंद्र सरकार का मंत्री रहा तथा देश का प्रधानमंत्री रहा, क्या उसका जीवन असफलता या दुर्भाग्य का उदाहरण कहा जा सकता है?

जीवन में राहु तथा केतु की महादशा और अंतर्दशा का महत्त्वपूर्ण राजयोगकारी फल प्राप्त हो रहा है।

आप देखें कि मोरारजी के जन्मांग में लग्नाधिपति, पंचमाधिपति व एकादशेश की राजयोगकारी युति है तथा नवमेश शनि एक त्रिकोण का स्वामी होकर दूसरे त्रिकोण में बैठा है तथा अष्टम भाव पर बृहस्पति की पूर्ण दृष्टि है। नवांश चक्र में शुक्र लग्नेश होकर स्वगृही है व दशम भाव में मंगल स्वयं बैठा है, जिसके कारण मोरारजी देश का नेतृत्व किए, व प्रत्येक राजयोगकारी ग्रह का परिणाम प्राप्त किए।

निष्कर्ष : मोरारजी के जन्मांग में कालसर्प योग का उदाहरण देना न केवल हास्यास्पद है वरन पूर्णत: कुतर्क है।

❑❑❑

उदाहरण 29 : लता मंगेशकर

जन्म तिथि– 28.09.1929, जन्म समय– 22.45 रात्रि,

जन्म स्थान–इन्दौर

जन्मांग चक्रम्

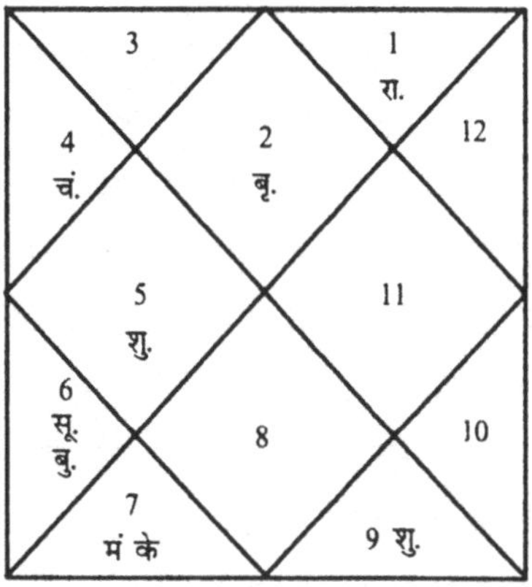

नवांश चक्रम्

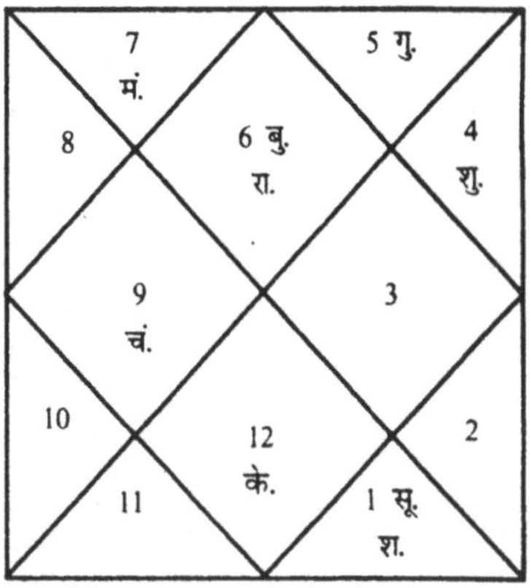

ग्रह	सूर्य	चंद्रमा	मंगल	बुध	बृहस्पति	शुक्र	शनि	राहु
राशि	5	3	6	5	1	4	8	0
अंश	12	17	1	29	23	10	1	19
कला	13	07	53	58	28	49	47	36

बुध दशा शेष – 16 वर्ष 4 माह 27 दिन

इनके भी जन्मांग को कालसर्प योग के उदाहरण स्वरूप लिया जाता है। कई पुस्तकों में लिखा है कि KSY के कारण ही इनका विवाह नहीं हो पाया फलस्वरूप इन्हें मातृत्व व स्त्रीत्व के सुख से वंचित रहना पड़ा। क्या जो अविवाहित है, उसे अभागा कहा जाएगा? जिसे बच्चे नहीं वह अभागा है? यदि ऐसा मान लिया जाए तो

विश्व में जितने भी साधु व साध्वी हैं उनका जीवन निरर्थक हो जाएगा। पश्चिमी देशों में तो इसके अनेकानेक उदाहरण हैं। लता जी के जन्मांग में नवमेश व दशमेश शनि पूर्णत: राहु व केतु के अक्ष के बाहर है, अत: KSY का कोई प्रश्न ही नहीं है। जीवन में केतु की दशा ने इन्हें संगीत की दुनिया का सितारा बना दिया। वर्ष 1946 से 1953 तक केतु की दशा का भोग रहा, भारत विभाजन के बाद, महान गायिका नूरजहां ने भारत छोड़ दिया। उनके जाने के बाद उत्पन्न रिक्त स्थान को लता जी ने पूरा कर दिया। वर्ष 1996 से राहु की महादशा प्रारंभ हुई और लता जी को भारत रत्न से सम्मानित किया गया, जो भारतीय संविधान के अंतर्गत दिया जाने वाला सर्वोच्च सम्मान है। इनके जीवन में राहु व केतु की दशा का महत्त्वपूर्ण योगकारी योगदान रहा है।

आप देख सकते हैं कि राहु व केतु की दशा में लता जी को सफलता दर सफलता मिली न कि कोई भी हानि हुई।

जहां तक़ प्रश्न अविवाहित रहने का है तो इनके जन्मांग में इसका स्पष्ट संकेत है। जैसे सप्तमेश अपने घर से द्वादश भाव में बैठा है तथा केतु के साथ बैठकर पापाक्रांत है। द्वादशेश मंगल छठे भाव में केतु के साथ बैठा है तथा द्वादश भाव मंगल से पूर्ण दृष्ट है। जो अविवाहित होने का पूर्ण योग है, व संतान का स्वामी बुध भी पंचम भाव में वक्रीय होकर सूर्य के साथ बैठा है तथा शनि की पूर्ण दृष्टि के कारण पापाक्रांत है, जिसके फलस्वरूप इन्हें उपरोक्त सुख प्राप्त नहीं हुआ।

निष्कर्ष : लता जी के जन्मांग में कालसर्प योग का उदाहरण निरर्थक है। परंतु यदि आप मान भी लें तो भी इसका कोई दुष्परिणाम इन्हें प्राप्त नहीं हुआ। अपार ख्याति, प्रसिद्धि व ऐश्वर्य की स्वामिनी को अभागा कहना निश्चय ही गलत है। स्त्रीत्व का सुख न मिलना, संतान न होना आदि के ज्योतिषीय कारण हैं, कालसर्प योग कदापि नहीं।

❑❑❑

उदाहरण 30 : मार्गेट थैचर

जन्म तिथि– 13.10.1925, जन्म समय–9.00 प्रातः,
जन्म स्थान– ग्रंथम (इंग्लैंड)

जन्मांग चक्रम्

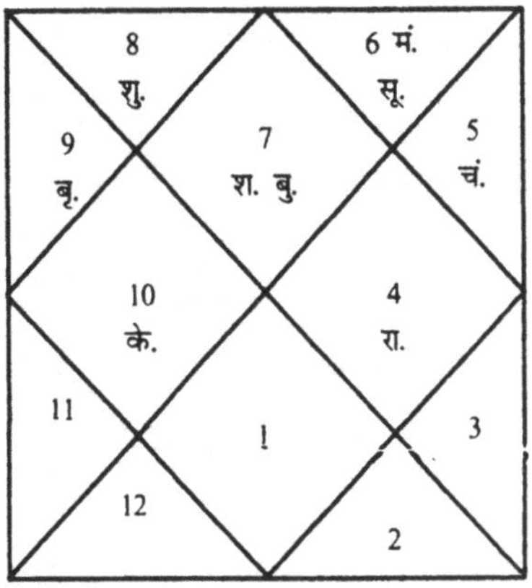

नवांश चक्रम्

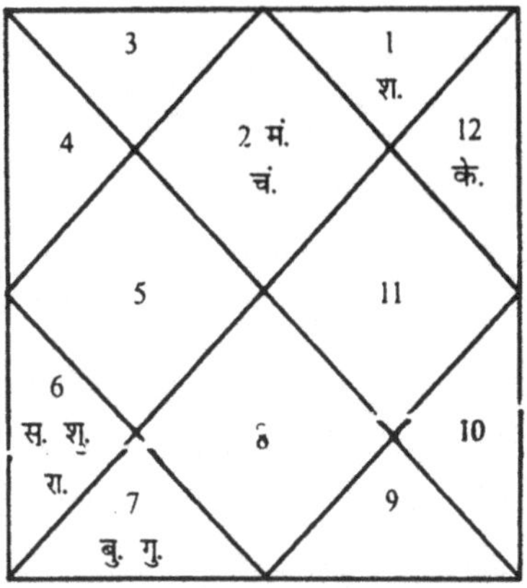

ग्रह	सूर्य	चंद्रमा	मंगल	बुध	बृहस्पति	शुक्र	शनि	राहु
राशि	5	4	5	6	8	7	6	3
अंश	26	05	16	00	21	09	20	8
कला	42	49	39	59	41	16	59	28

केतु दशा शेष – 3 वर्ष 11 माह 11 दिन

यह जन्मांग प्रसिद्ध स्त्री प्रधानमंत्री श्रीमती मार्गेट थैचर का है, जो इंग्लैंड में वर्षों नेतृत्व कर चुकी हैं। कालसर्प योग की परिभाषा के अनुसार सारे ग्रह दशम के राहु तथा चतुर्थ के केतु के बीच है। अतः जन्मांक में पातक नामक कालसर्प योग कहा जाएगा, जिसके परिणाम स्वरूप इनका संपूर्ण जीवन समस्याग्रस्त होना चाहिए।

परंतु आइए, देखें सत्यता क्या है–

श्रीमती थैचर का जैसे ही राहु की महादशा प्रारंभ हुई (1972 से 1990 तक) यह सक्रिय राजनीति के उच्चतम बिंदु पर पहुंची और लगातार दो बार प्रधानमंत्री बनी। इस राहु ने इन्हें लौह महिला की उपाधि भी प्रदान कराई। जैसे ही राहु की दशा समाप्त हुई इनका पार्टी में प्रभाव कम होता गया और अंततः प्रधानमंत्री की दौड़ से हटना पड़ा। यह तथ्य पूर्णतः स्पष्ट है कि यदि जन्मांग में अच्छे योग और अच्छे समय का प्रभाव हो तो जातक को निश्चय ही लाभकारी परिणाम प्राप्त होता है। इसमें संदेह नहीं।

श्रीमती मार्गेट थैचर के जन्मांग में पंचमेश व चतुर्थेश शनि, जो पूर्ण राजयोगकारी ग्रह है, उच्चस्थ अवस्था में लग्नगत है तथा लग्नेश द्वितीय भाव में बैठा है तथा दशम भाव में राजयोगकारी राहु बैठा है, जिसने इन्हें अपने दशा में पूर्ण राजयोग प्रदान कराया।

निष्कर्ष : जातिका के जन्मांग में पातक नामक कालसर्प योग का उदाहरण पूर्णतः निरर्थक है। इन्हें जीवन में इस KSY के कोई भी दुष्परिणाम प्राप्त नहीं हुए, न ही इनके प्रगति में राहु व केतु ने कभी रोड़ा खड़ा किया। समस्त ग्रहों का फल अपनी बल व भावेश की अवस्था में पूर्ण फल प्राप्त हुए।

❑❑❑

उदाहरण 31 : न्यायाधीश

जन्म तिथि– 1.09.1954, जन्म समय– 1.47 प्रात:,
जन्म स्थान–वाराणसी (उत्तर प्रदेश)

जन्मांग चक्रम्

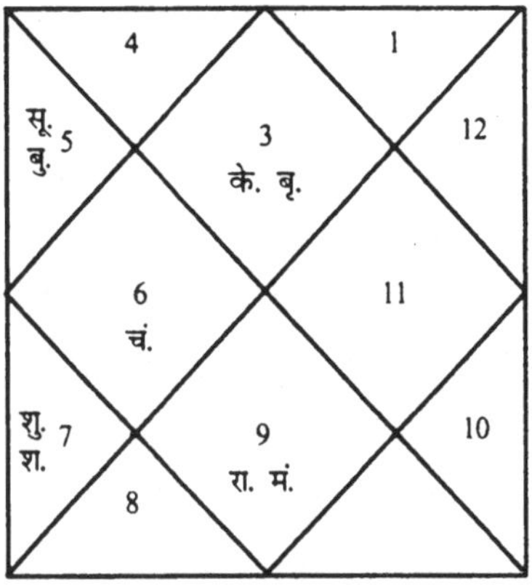

नवांश चक्रम्

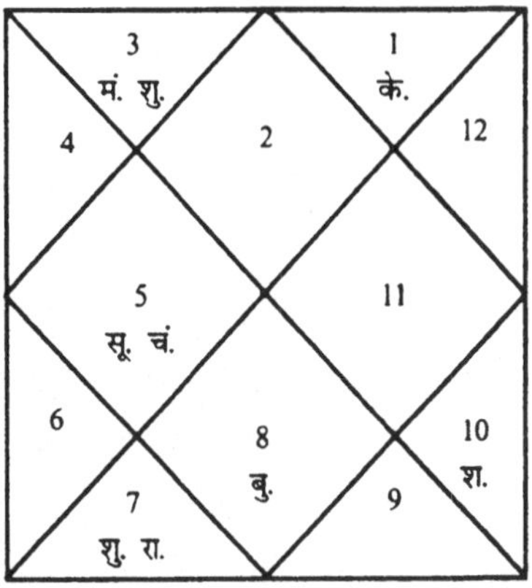

ग्रह	सूर्य	चंद्रमा	मंगल	बुध	बृहस्पति	शुक्र	शनि	राहु
राशि	4	5	8	4	2	6	6	8
अंश	14	23	9	23	28	0	11	20
कला	39	32	21	57	25	45	52	18

मंगल दशा शेष – 6 वर्ष 10 माह 22 दिन

जातक के जन्मांग के सारे ग्रह राहु और केतु के बीच में है, कालसर्प योग की परिभाषा के अनुसार जातक को तक्षक नामक कालसर्प योग है। जिसके कारण इसे पुत्र संतान का अभाव, स्त्री सुख की कमी, व्यापार में हानि, जेल यात्रा, गुप्त आदि कष्टों से गुजरना चाहिए। परंतु सत्यता यह है कि जातक जन्म से ही मेधावी छात्र रहा एवं वर्तमान में न्यायाधीश के पद पर कार्यरत है। जातक की पत्नी भी न्यायाधीश की पुत्री है। जातक का सुख दांपत्य जीवन है। जातक को दो पुत्र व़ दो कन्याएं हैं।

जन्मांग में विद्या का स्वामी ग्रह शुक्र स्वगृही हो कर बैठा है तथा साथ ही न्याय का स्वामी शनि भी है व शुक्र शनि की युति पर बृहस्पति की पूर्ण दृष्टि है जिसके कारण जातक न्यायाधीश बना। यहां धनु राशि का राहु व मंगल ने जातक को उग्र स्वभाव वाला अवश्य बनाया है परंतु बृहस्पति की दृष्टि ने जातक को मानवीय मूल्यों का रक्षक बनाया। यहां स्पष्ट है कि वर्णित कालसर्प योग का कोई भी दुष्परिणाम जातक को नहीं मिला।

निष्कर्ष : आप देख सकते हैं कि प्रचलित KSY की परिभाषा का कोई भी दुष्परिणाम जातक को नहीं मिला। जबकि प्रचारित किए जा रहे तक्षक नामक कापसर्प योग के कारण जातक को इसके नकारात्मक पक्ष का भोग करना चाहिए था। परंतु यहां यह भी ध्यान देने योग्य है कि जातक अपनी शिखा भी राहु की महादशा में प्राप्त किया, फिर भी जातक को कोई दुष्परिणाम नहीं मिला। जो स्पष्ट करता है कि इस प्रकार का कोई योग नहीं होता। यद्यपि जातक के सप्तम भाव में मंगल तथा राहु की युति है जो दांपत्य जीवन के सुख को बाधित करना चाहिए, परंतु सप्तम भाव पर बृहस्पति की शुभ दृष्टि, तथा पत्नी का कारक शुक्र पंचम भाव में है तथा नवांश लग्नेश द्वितीयस्थ हो शुभ ग्रह की स्थिति में है, जिसके कारण जातक को पूर्ण दांपत्य जीवन का सुख प्राप्त हुआ।

❑❑❑

उदाहरण 32 : पं. लक्ष्मी नारायण मिश्र (लेखक)
जन्म तिथि– 19.12.1903, जन्म समय– 4.30 सायं,
जन्म स्थान–27° (N) रेखांश 83° (S)

जन्मांग चक्रम्

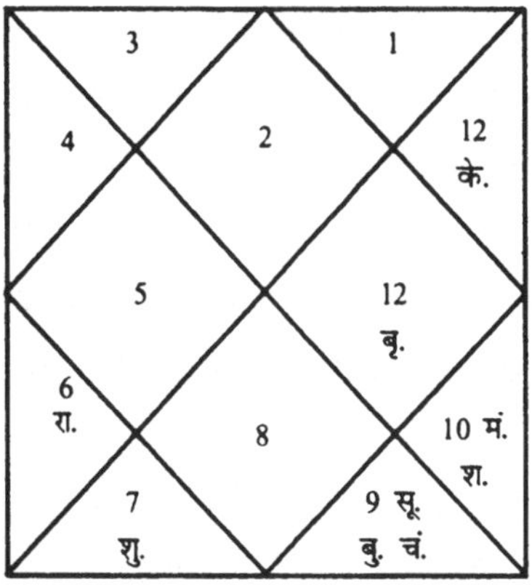

नवांश चक्रम्

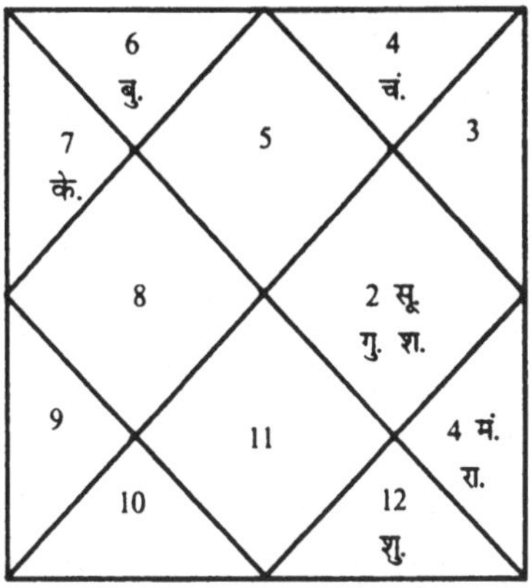

ग्रह	सूर्य	चंद्रमा	मंगल	बुध	बृहस्पति	शुक्र	शनि	राहु
राशि	8	8	9	8	11	6	9	5
अंश	3	10	12	18	23	18	14	01
कला	52	17	59	59	30	20	09	22

केतु दशा शेष – 1 वर्ष 7 माह 6 दिन

पंडित जी के जन्मांग में पंचम के राहु व एकादश के केतु के बीच सभी ग्रह स्थित है। जिसके कारण जन्मांक में पद्मकाल सर्पयोग कहा जाता है। इसके फलस्वरूप जातक को संतान से कष्ट, जेल यात्रा, यौन दुर्बलता, जुआ खेलने की प्रवृत्ति, अपयश आदि कष्ट उठाने चाहिए। परंतु परिणाम ठीक इसके विपरीत है। जातक हिंदी जगत का जाना-माना लेखक है व अपनी लेखनी से इन्होंने अपार धन-संपदा कमाई व पूर्ण आयु का भोग करते हुए 84 वर्ष की अवस्था में वर्ष 1987 में इनका देहावसान हुआ।

जातक के अष्टम भाव में पंचमेश, द्वितीयेश, चतुर्थेश तथा तृतीयेश की योगकारी युक्ति है, वहीं दशम भाव में बैठा बृहस्पति इन्हें लेखनी की तरफ ले गया व भाग्येश शनि की स्वगृही अवस्था ने इन्हें हिंदी जगत का सफल लेखक बनाया। पंडित जी को राहु व केतु की दशाओं ने चातुर्दिक सफलता प्रदान कराई। आप देख सकते हैं कि जातक के नवांश चक्र में दशम भाव में लग्नेश, पंचमेश तथा सप्तमेश की राजयोगकारी युति है। लेखन का स्वामी बृहस्पति जहां दशम भाव में स्वगृही होकर बैठा है वहीं धन भाव पर पूर्ण दृष्टि डालता है तथा चतुर्थ भाव (प्रसिद्धि) को भी शुभ दृष्टि से देखता है, यदि जन्मांग का और सूक्ष्म-विश्लेषण किया जाए तो यह स्पष्ट होता है कि जातक के जन्मांग में शुक्र, बृहस्पति व शनि नामक तीन ग्रह स्वगृही है फलस्वरूप इन्हें अपार सफलता व प्रसिद्धि मिली।

निष्कर्ष : स्पष्ट है कि KSY की प्रचलित परिभाषा के अनुसार इन्हें जो कष्ट मिलने चाहिए वो नहीं मिले, जो स्वत: ही स्पष्ट करते हैं कि कालसर्प योग मात्र काल्पनिक योग है, इसका यथार्थता से कोई लेना देना नहीं है।

❑❑❑

उदाहरण 33 : जमशेद जी टाटा

जन्म तिथि– 03.03.1839, जन्म समय– 3.04 सायं,

जन्म स्थान–रेखांश 72° 50', अक्षांश 18° 57'

जन्मांग चक्रम् **नवांश चक्रम्**

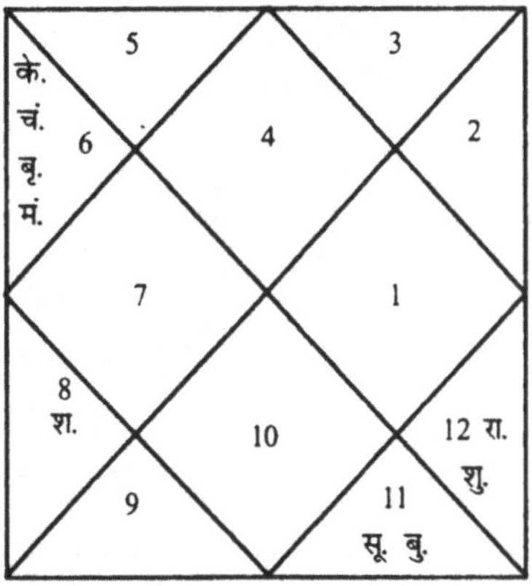

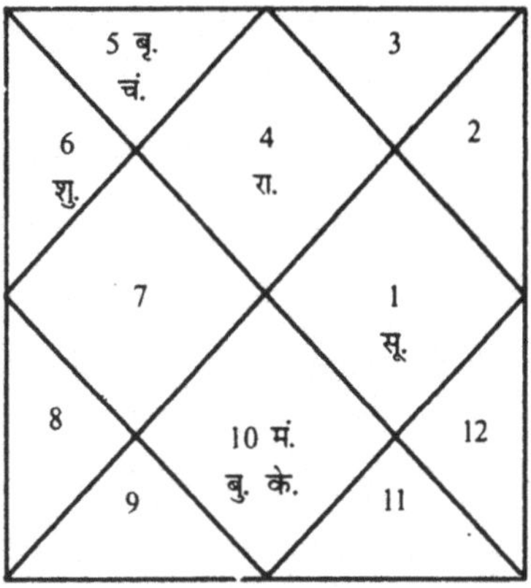

ग्रह	सूर्य	चंद्रमा	मंगल	बुध	बृहस्पति	शुक्र	शनि	राहु
राशि	10	5	5	10	5	11	7	11
अंश	20	23	2	11	25	8	18	3
कला	33	54	45	45	50	25	28	13

सूर्य महादशा शेष – 1 वर्ष 8 माह 9 दिन

जमशेद जी टाटा के जन्मांग में नवम के राहु तथा तृतीय के केतु के बीच सभी ग्रह स्थित हैं। अतः शंखनाद नामक कालसर्प योग बताया जाता है। जिसके परिणाम स्वरूप भाग्यहीनता, शासन का विरोध, सम्मान में हानि, व्यापार में असफलता आदि दुष्परिणाम से गुजरना चाहिए, परंतु यह सर्वविदित है कि इन्हें विरासत में कुछ भी प्राप्त नहीं हुआ परंतु इन्होंने स्वयं के

बुद्धि विवेक व परिश्रम द्वारा लौह व्यापार शुरू किया व भारत के सर्वाधिक सफल उद्योगपति बने। लोहे के व्यापार में वर्षों तक इनका कोई सानी नहीं हुआ और ख्याति इतनी कि इन्हीं के नाम से बिहार प्रांत में एक शहर ही बस गया। जन्मांग में लग्नेश, भाग्येश, पंचमेश व दशमेश की पराक्रम भाव की युति ने इन्हें अपार धन व ख्याति दिलवाई। जीवन में राहु व केतु की दशा ने प्रगति में जहां महत्त्वपूर्ण सफलता प्रदान कराई, वहीं जोखिम भरे कार्यों में निर्णय लेने की क्षमता प्रदान करने में अहम भूमिका निभाई।

निष्कर्ष : आप स्वत: विचार करें कि जमशेद जी टाटा को जीवन के किस पहलु पर आप असफल कह सकते हैं। इनके जीवन का ऐसा कौन-सा पक्ष है, जिसे शंखनाद नामक कालसर्प योग के दुष्परिणाम का प्रतिफल कहा जा सकता है। निश्चय ही आप कोई दुष्परिणाम नहीं बता सकते। यहां तक कि इनके केंद्र में कोई ग्रह नहीं है, परंतु फिर भी उत्तम ग्रह स्थिति के कारण इन्होंने अपार धन व प्रसिद्धि प्राप्त किया। पराक्रम भाव में केंद्रेश व त्रिकोणेश की युति तथा मालव्य नामक राजयोग के कारण इन्होंने सफलता प्राप्त किया।

जन्मांग में प्रचारित किए जाने वाले कालसर्प योग का कोई भी दुष्परिणाम इन्हें इसलिए प्राप्त नहीं हुआ क्योंकि यह कोई योग नहीं होता, यदि होता तो अन्य लाभकारी योगों की तरह इसका दुष्परिणाम भी अवश्य मिलता।

❑❑❑

उदाहरण 34 : न्यायाधीश

जन्म तिथि– 13.06.1972, जन्म समय– 11.40 प्रात:,
जन्म स्थान–लखनऊ (उत्तर प्रदेश)

जन्मांग चक्रम्

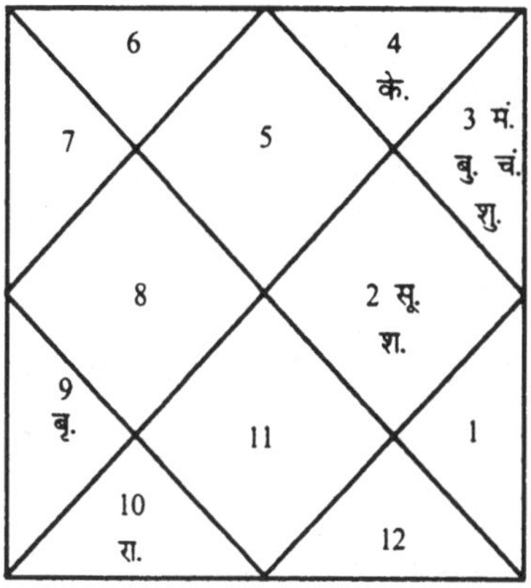

नवांश चक्रम्

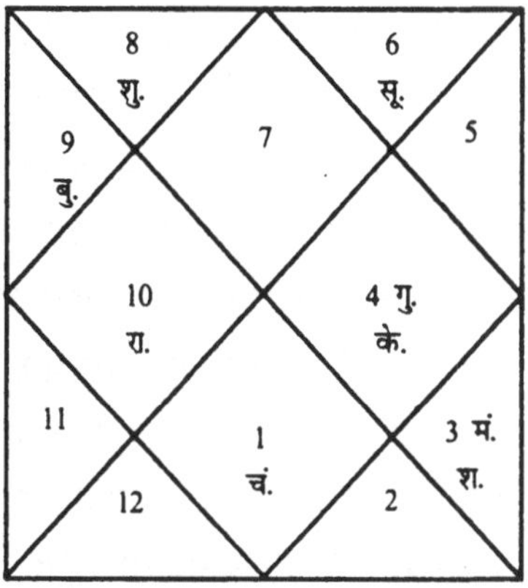

ग्रह	सूर्य	चंद्रमा	मंगल	बुध	बृहस्पति	शुक्र	शनि	राहु
राशि	1	2	2	2	8	2	1	9
अंश	28	23	26	8	11	05	18	02
कला	51	03	45	54	27	43	11	51

बृहस्पति दशा शेष – 12 वर्ष 4 माह 3 दिन

इस जातक के जन्मांग में आंशिक कालसर्प योग बताया जाता है। क्योंकि बृहस्पति को छोड़कर शेष ग्रह राहु और केतु के बीच में हैं। परंतु कालसर्प योग की परिभाषा बनाने वालों के अनुसार इसमें पूर्ण कालसर्प योग का परिणाम कहा जाता है, जिसके कारण जातक को महापद्म कालसर्प योग के सारे दुष्परिणामों से गुजरना चाहिए।

सत्यता यह है कि यह जातक प्रारंभ से ही अच्छा विद्यार्थी रहा। एल.एल.बी. की शिक्षा ग्रहण करने के पश्चात इसने एल.एल.एम. किया व वर्ष 2002 की उत्तर प्रदेश की न्यायिक सेवा की परीक्षा में सर्वोच्च

स्थान प्राप्त किया। फलस्वरूप वर्तमान में न्यायाधीश के पद पर कार्यरत है व पत्नी एक शिक्षित व धर्मपरायण महिला है। जातक को प्रथम संतान पुत्र भी प्राप्त हुआ।

यहां स्पष्ट रूप से देखा जा सकता है कि राहु व केतु की दशाएं व उनकी भावगत स्थिति ने जातक के कैरियर व गृहस्थ जीवन में लाभकारी परिणाम देने वाली सिद्ध हुई। जैसा कि प्रचारित किया जाता है कि यदि जातक के जन्मांग में महापद्म नामक कालसर्प योग हो तो ऐसा जातक, पत्नी सुख में कमी पाता है तथा जीवन में सदैव शत्रु परेशान करते हैं। भाग्य साथ नहीं देता, जातक को जीवन में निराशा बनी रहती है तथा वृद्धावस्था कष्टप्रद होती है।

परंतु यदि जातक के जन्मचक्र पर विचार किया जाए तो हम पाते हैं कि जातक का लग्नेश सूर्य दशम भाव में बैठा है तथा पंचमेश बृहस्पति स्वगृही है व एकादश भाव में चतुर्थेश, भाग्येश, दशमेश व एकादशेश की राजयोगकारी युति है। जिसके कारण जातक ने सफल विद्यार्थी जीवन का निर्वहन किया व आज न्यायाधीश है।

निष्कर्ष : आप स्पष्ट रूप में देख सकते हैं कि जातक को प्रचारित किये जाने वाले कालसर्प योग का कोई भी दुष्परिणाम प्राप्त नहीं हुआ बल्कि सभी शुभ ग्रहों ने अपनी क्षमता के अनुसार अपने समय में पूर्ण लाभ प्रदान किया।

❑❑❑

उदाहरण 35 : हर्षद मेहता

जन्म तिथि– 29.07.1954, जन्म समय– 10.30 प्रातः लगभग

जन्मांग चक्रम्

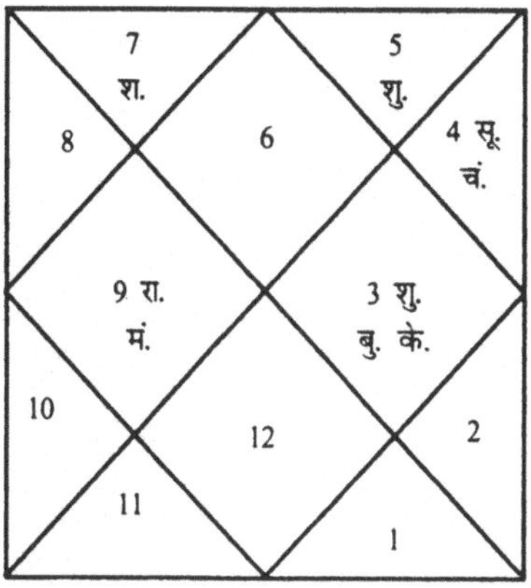

नवांश चक्रम्

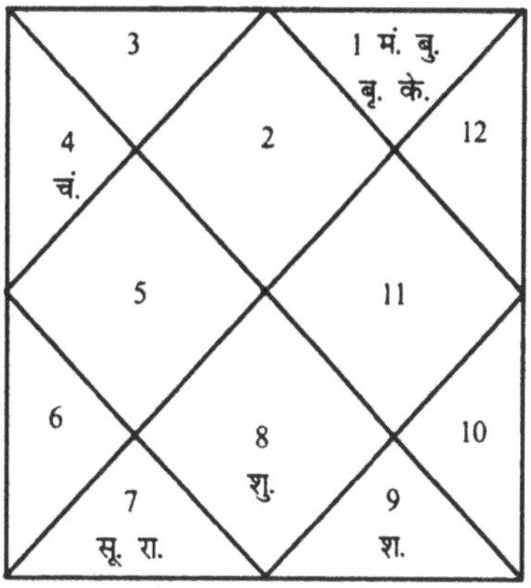

ग्रह	सूर्य	चंद्रमा	मंगल	बुध	बृहस्पति	शुक्र	शनि	राहु
राशि	3	3	8	2	2	4	6	8
अंश	12	3	2	22	21	24	9	21
कला	19	17	21	45	32	48	51	39

बृहस्पति दशा शेष – 1 वर्ष 12 माह 17 दिन

कई ज्योतिषियों ने हर्षद मेहता के जन्मांग में कालसर्प योग बताकर इनकी सफलता व असफलता दोनों को ही कालसर्प योग का परिणाम बताया। जबकि इनका जन्म कन्या लग्न में हुआ तथा पंचमेश शनि धनभाव में उच्च का होकर बैठा है तथा लग्नेश बुध व चतुर्थेश एवं सप्तमेश की युति है। वहीं लाभेश

चंद्रमा जहां स्वगृही है वहीं मंगल राहु के साथ अवश्य बैठा है परंतु उच्चाभिलाषी है। मंगल की सूर्य बृहस्पति तथा बुध पर पूर्ण दृष्टि है। यह पूर्णतः लक्ष्मी योग है। पंचम भाव जहां जुआ, शेयर, सट्टा आदि को प्रदर्शित करता है वहीं यह यश को भी दर्शाता है। हर्षद मेहता को शनि व बुध के अंतर्दशा ने अपार धन संपदा प्रदान कराई। पंचम भावेश पर बृहस्पति की पूर्ण दृष्टि ने व द्वादश भाव में गए शुक्र ने इन्हें अचानक दौलत व शोहरत दोनों प्रदान कराया परंतु व्ययेश सूर्य के एकादश भाव में स्थिति तथा शनि की अष्टम भाव व एकादश भाव पर दृष्टि ने इनका सब कुछ समाप्त भी कर दिया। यहां भी राहु व केतु का धनार्जन से कुछ लेना-देना है और न ही बर्बादी से। सूक्ष्मता से विश्लेषण करने पर यह स्पष्ट हो जाता है कि जातक के जन्मांग में गलत तरीके से धनार्जन करने का जहां पूर्ण योग है, वहीं बरबाद होने के पूर्ण लक्षण हैं। अतः कालसर्प योग के कारण बरबादी बताना, निश्चय ही तर्कसंगत नहीं है। इस तरह तो आप स्वयं देख सकते हैं कि किसी के भी जन्मांग में कालसर्प योग फिट किया जा सकता है व उसके जीवन के दुष्परिणाम जानने के बाद परिभाषित किया जा सकता है।

निष्कर्ष : स्पष्ट है कि हर्षद मेहता के जन्मांग में कालसर्प योग का उदाहरण देना पूर्णतः मिथ्या है। इनके जन्मांग में धनवान होने तथा बरबाद होने के पूर्ण लक्षण हैं, जिसे ज्योतिषी गणना द्वारा पूर्णतः स्पष्ट किया जा सकता है।

❑❑❑

उदाहरण 36 : सम्राट अकबर

जन्म तिथि– 23/24.11.1542, जन्म समय– 4.09 प्रातः,

जन्मांग चक्रम्

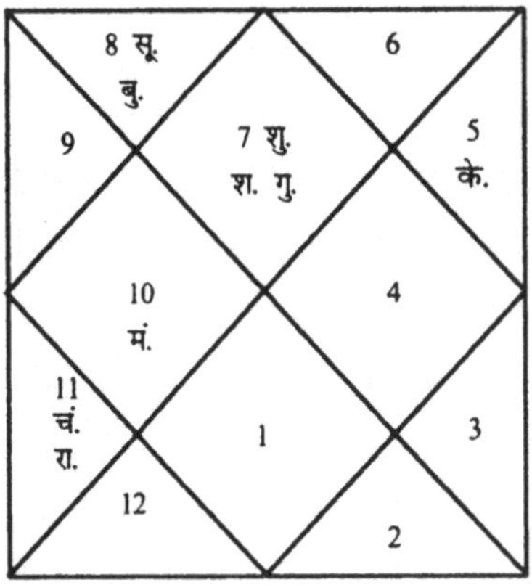

नवांश चक्रम्

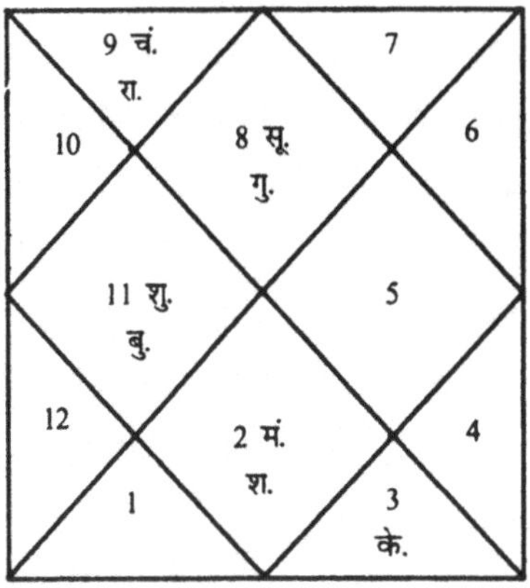

ग्रह	सूर्य	चंद्रमा	मंगल	बुध	बृहस्पति	शुक्र	शनि	राहु
राशि	7	10	9	7	6	6	6	10
अंश	13	8	15	25	03	15	26	8
कला	36	03	28	03	50	42	19	16

राहु दशा शेष – 16 वर्ष 1 माह 18 दिन

सम्राट अकबर के जन्मांग में पंचम के राहु व एकादश के केतु के बीच समस्त ग्रह राहु व केतु के बीच स्थित है, जिसके कारण जन्मांग में पद्म नामक कालसर्प योग बताया जाता है। इसके दुष्परिणाम के विषय में संतान से अप्रसन्नता, जेल यात्रा, यौन दुर्बलता, जुआ खेलने की प्रवृत्ति, सच्चे मित्र का अभाव, निर्धनता आदि का योग करना

चाहिए। परंतु यथार्थ रूप में यह सर्वविदित है कि अकबर मुगल साम्राज्य का सबसे सशक्त व सफल शासक रहा। जीवन में धन-संपदा, साम्राज्य, स्त्री का सुख आदि सर्वदा रहा।

जन्मांग में कई प्रबल राजयोग के रूप में, मालत्य, शश, बुधादित्य आदि प्रमुख है। लग्न में बैठा लग्नेश व पंचमेश, चतुर्थेश की युति प्रबल राजयोगकारी है। उच्चस्थ मंगल ने अकबर को पूर्ण साहसी बनाया व रणकौशल के क्षेत्र का महारथी भी। वहीं बुधादित्य नामक योग ने सम्राट को कूटनीतिक ज्ञान भी दिया, जिसके कारण यह पूर्ण सफल व सशक्त राजा के रूप में ख्याति प्राप्त कर सकें।

नवांश जन्मांग में सूर्य की वर्गोत्तम अवस्था व जन्मांग में विद्यमान कई राजयोग के फलस्वरूप इन्हें अपार ख्याति प्राप्त हुई।

निष्कर्ष : मानव जीवन यदि मिला है तो किसी न किसी प्रकार की समस्या सबको रहती है। सभी पक्षों से पूर्ण संतुष्टता ईश्वर या पूर्ण संन्यासी के सिवा शायद किसी को नहीं होती। इतिहास साक्षी है, मानव के रूप में भगवान को जन्म लेने के बाद भी, भगवान को सांसारिक दुखों से लड़ना पड़ा है। अत: यदि किसी के जीवन के प्रत्येक नकारात्मक पक्ष को कालसर्प योग या किसी अन्य कपोल कल्पित योग से जोड़ना हो तो आसानीपूर्वक जोड़ा जा सकता है।

पाठको! आप निश्चय ही अकबर के जीवन को खराब नहीं कह सकते, जन्मांग में उपस्थित पूर्ण राजयोग, अकबर को सफल सम्राट की श्रेणी में रखते हैं। अत: कालसर्प योग को जन्मांग में फिट करना, मात्र स्वार्थपरता है, यथार्थता नहीं।

❑❑❑

उदाहरण 37 : सेना में कमीशन अधिकारी
जन्म तिथि– 31.08.1983, जन्म समय– 15.25 सायं,
जन्म स्थान–लखनऊ (उत्तर प्रदेश)

जन्मांग चक्रम्

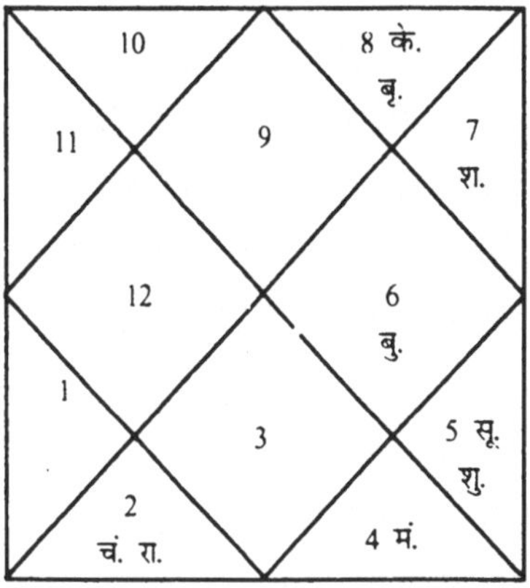

नवांश चक्रम्

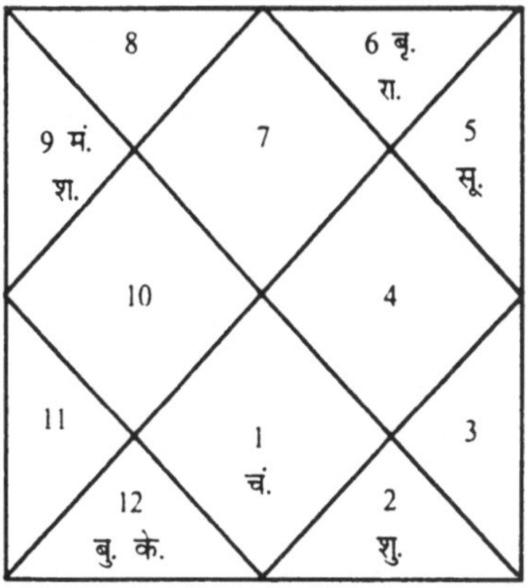

ग्रह	सूर्य	चंद्रमा	मंगल	बुध	बृहस्पति	शुक्र	शनि	राहु
राशि	4	1	3	5	7	4	6	1
अंश	13	13	17	06	09	04	06	28
कला	49	03	45	58	05	06	59	16

चंद्र महादशा शेष – 7 वर्ष 8 माह 17 दिन

इस जातक के जन्मांग को लेकर ज्योतिषीगण ने इसके माता-पिता को इतना भयभीत कर दिया था कि माता-पिता जातक के भविष्य को लेकर परेशान हो चुके थे। ज्योतिषियों का कथन था कि जन्मांग में महापद्म नामक कालसर्प योग है। अत: इसके निवारणार्थ यंत्र का उपाय व पूजन कराना आवश्यक है। यदि यंत्र व पूजन का उपचार नहीं कराया गया तो जातक को शिक्षा व नौकरी में निराशा होगी व जातक हीन भावना से ग्रस्त हो जाएगा व भविष्य अंधकारमय हो जाएगा, क्योंकि KSY के साथ-साथ जातक का पंचमेश भी नीच का है, साथ ही मारक

शनि की पंचम भाव तथा पंचमेश पर पूर्ण दृष्टि है। यथार्थ रूप में यह सब तर्क मात्र डराने वाले व आधार विहीन हैं।

जन्मांग में चंद्र कुंडली से पंचमेश उच्च का है व भाग्येश शनि भी उच्च का होकर बैठा है, व धनु लग्न में शनि न केवल मारक है वरन धनेश तथा पराक्रमेश होकर, एकादश भाव में उच्च का होकर योगकारी परिणाम देने वाला कहा जाएगा। पंचमेश नीच का अवश्य है परंतु मंगल पर बृहस्पति की उच्चस्थ दृष्टि है, जिसने जातक को कुशाग्र बुद्धि का बनाया। जातक की जैसे ही 16.05.1998 से राहु की महादशा प्रारंभ हुई, जातक का इंजीनियरिंग में प्रवेश हो गया व जैसे शनि की अंतर्दशा प्रारंभ हुई, जातक ने सीडीएस की परीक्षा उत्तीर्ण कर सन् 2005 में कमीशन अधिकारी बन गया।

निष्कर्ष : आप देखें कि जातक के जन्मांग में विद्यमान श्रेयष्कर योग ने न केवल जातक को अच्छी शिक्षा प्रदान कराया, अपितु 22 वर्ष की अवस्था में जातक को सेना में अधिकारी बना दिया, इससे यह तथ्य पूर्णत: स्पष्ट हो जाता है कि यदि किसी के जन्मांग में शुभग्रह या पापग्रह योगकारी अवस्था में बैठे हैं तो उसका फल अवश्य प्राप्त होता है। राहु-केतु के कारण प्रचारित किए जाने वाले विभिन्न योगों का कोई परिणाम प्राप्त नहीं होता। सत्यता यह है कि राहु-केतु जिस भाव में, जिस बल से या जिन ग्रहों से दृष्ट होते हैं, उनके अनुसार फल अवश्य मिलता है परंतु कालसर्प योग कुछ भी नहीं होता, मात्र यह कठबैठी है।

□□□

उदाहरण 38 : अब्राहम लिंकन (अमेरिकी राष्ट्रपति)
जन्म तिथि– 12.02.1809, जन्म समय– 7.32 प्रातः,
जन्म स्थान–अक्षांश 35^0 N रेखांश 89^0 E

जन्मांग चक्रम्

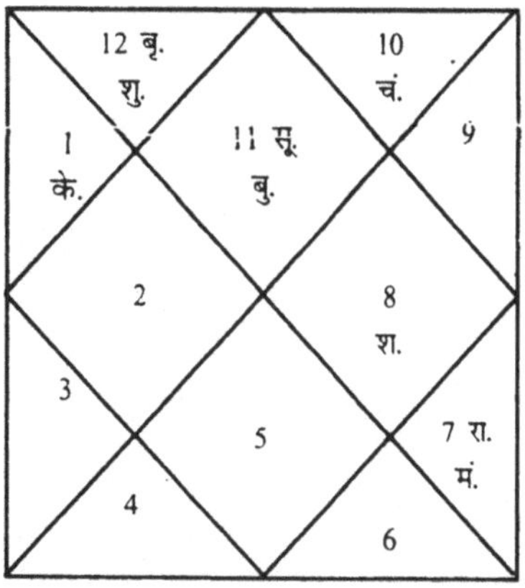

नवांश चक्रम्

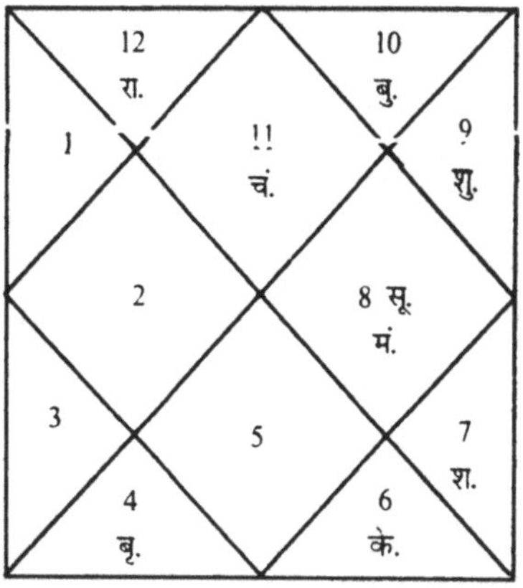

ग्रह	सूर्य	चंद्रमा	मंगल	बुध	बृहस्पति	शुक्र	शनि	राहु
राशि	10	9	6	10	11	11	7	6
अंश	4	5^0	5^0	12	2^0	17^0	13^0	17
कला	06'	20'	46'	44'	16'	46'	16'	44'

सूर्य दशा शेष – 2 वर्ष 1 माह 6 दिन

इस सुप्रसिद्ध जातक के जन्मांग में भी सारे ग्रह नवम के राहु तथा तृतीय के केतु के बीच लेते हैं। जिसके फलस्वरूप जन्मांग में कालसर्प योग का उदाहरण दिया जाता है और कहा जाता है कि लिंकन की हत्या इसी योग के कारण हुई है। परंतु यह सर्वथा असत्य है। आप देखें कि शनि द्वादशेश होकर शत्रु गृही होकर बैठा है व चंद्र जन्मांग से द्वितीयेश है तथा मारक बृहस्पति से दृष्ट है, जिसके कारण शनि की दशा में बुध की अंतर्दशा में इनकी हत्या हुई न कि KSY के कारण। ❑❑❑

उदाहरण 39 : प्रशासनिक अधिकारी

जन्म तिथि– 11.12.1961, जन्म समय– 4.40 सायं,
जन्म स्थान–वाराणसी (उत्तर प्रदेश)

जन्मांग चक्रम्

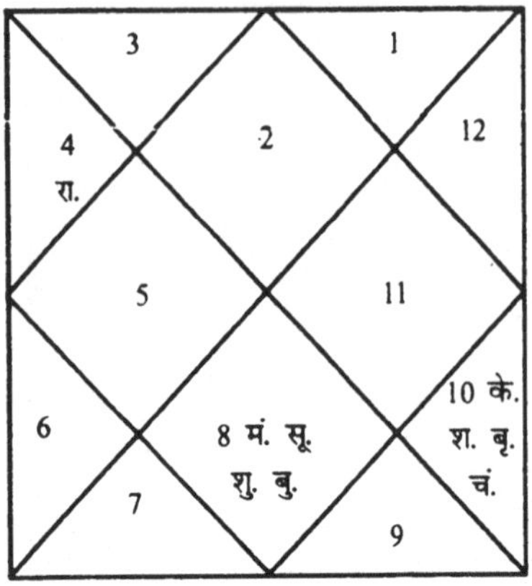

नवांश चक्रम्

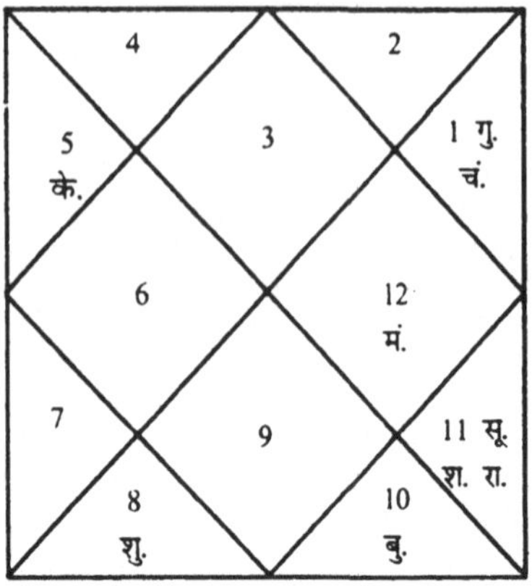

ग्रह	सूर्य	चंद्रमा	मंगल	बुध	बृहस्पति	शुक्र	शनि	राहु
राशि	7	9	7	7	9	7	9	3
अंश	25	11	26	23	12	14	04	26
कला	52	25	47	10	50	37	06	19

चंद्रमा दशा शेष – 8 वर्ष 11 माह 6 दिन

यह जातक बचपन से ही कुशाग्र बुद्धि का रहा, वर्तमान में जातक प्रशासनिक पद पर कार्यरत है। जातक नवंबर 1977 से नवंबर 1995 तक राहु की महादशा का भोग किया। इसी राहु की दशा में उम्र के 27वें वर्ष, जातक प्रशासनिक सेवा में सफल हुआ। राहु की दशा में ही जातक का विवाह हुआ व दो पुत्री तथा एक पुत्र संतान का सुख भी प्राप्त हुआ। यहां तृतीय भावस्थ कर्क राशि के राहु ने जातक को योगकारी परिणाम प्रदान कराया। जबकि जातक के जन्मांग के सभी ग्रह तृतीय के राहु तथा नवम के केतु के बीच है। जिसके कारण जन्मांक में वासुकी नामक KSY है। अत: स्पष्ट है कि राहु व केतु अपनी अवस्था तथा राशि के कारण लाभकारी परिणाम देने वाले सिद्ध हुए।

उदाहरण 40 : प्रसिद्ध सर्जन

जन्म तिथि– 21.11.1946, जन्म समय– 4.10 प्रातः,
जन्म स्थान–नैनीताल

जन्मांग चक्रम्

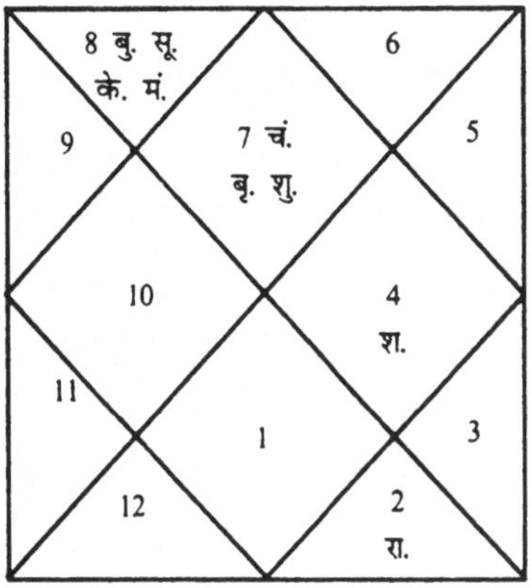

नवांश चक्रम्

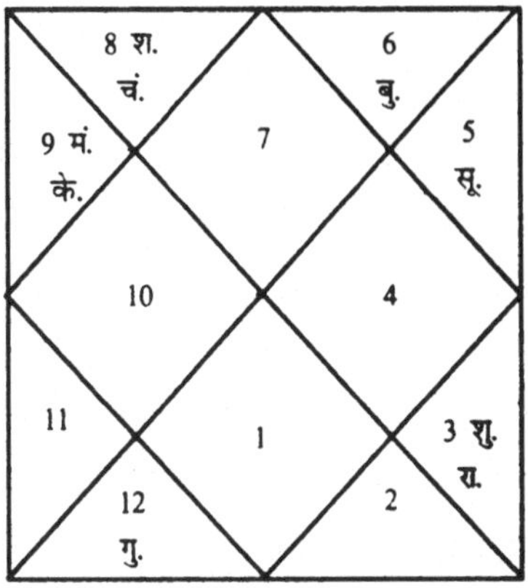

ग्रह	सूर्य	चंद्रमा	मंगल	बुध	बृहस्पति	शुक्र	शनि	राहु
राशि	7	6	7	7	6	6	3	1
अंश	4	4	17	6	19	29	15	18
कला	54	11	11	45	04	50	44	32

मंगल दशा शेष – 1 वर्ष 3 माह 20 दिन

यह जन्मांग एक प्रसिद्ध सर्जन का है जो आज 60 वर्ष की अवस्था में भी कुशलतापूर्वक सर्जरी का कार्य करता है। जातक के जीवन में शिक्षा काल में ही राहु की दशा मिली और उच्च के राहु ने उच्च श्रेणी का शिक्षा कैरियर प्रदान किया। इसके फलस्वरूप उम्र के 18 वर्ष में ही मेडिकल में प्रवेश हो गया। बैचलर डिग्री लेने के बाद जातक ने एम.एस. की शिक्षा ग्रहण की। शिक्षणोपरांत मेडिकल कॉलेज में लेक्चरर के पद पर कार्य करने लगा। वर्ष 1974 में जातक का विवाह भी एक सर्जन कन्या के साथ हुआ। जातक के दो पुत्र संतान हैं। आज जातक प्रसिद्ध, ख्यातिलब्ध सर्जन है।

जन्मांग में सभी ग्रह अष्टम के राहु तथा द्वितीय के केतु के मध्य हैं। तथाकथित KSY की परिभाषा के अनुसार कर्कोटक नामक कालसर्प योग है, जिसके परिणाम स्वरूप जातक को भाग्योदय में परेशानी, नौकरी में अवनति, पैतृक संपत्ति का न मिलना, शत्रु पक्ष से भय, गृहस्थ जीवन की समस्या आदि से गुजरना चाहिए। परंतु जातक को उपरोक्त वर्णित समस्या में कोई भी समस्या नहीं है। जन्मांग में विद्या का स्वामी शनि, चंद्रमा के घर में केंद्रवर्ती होकर बैठा है, दशमेश स्वयं लग्नगत है और दशमेश लग्नेश व पराक्रमेश की राज योगकारी युति है। केंद्र में सभी शुभ ग्रह बैठे हैं जिसके परिणामस्वरूप जातक ईमानदार, धनवान, अपार ख्याति लब्ध सर्जन के रूप में प्रतिष्ठित है। जातक के नवांश जन्मांग पर यदि विचार किया जाए तो स्पष्ट होता है कि जहां लग्न वर्गोत्तम में है वहीं लग्नेश भी त्रिकोणस्थ है तथा बुध और बृहस्पति जो जन्मचक्र में शुभ गृही होकर बैठे हैं, नवांश में अपने घर के हैं, जिसके फलस्वरूप जातक ने चिकित्सा क्षेत्र में अपार सफलता प्राप्त किया।

निष्कर्ष : आप देख सकते हैं कि प्रचारित किए जाने वाले तथाकथित कालसर्प योग का भय निराधार है। जातक के जन्मांग में पूर्ण सफल चिकित्सक के योग हैं, जिसके कारण जातक ने सफलता प्राप्त की। राहु की महादशा में जातक को शिक्षा का निर्देशन किया, जातक को कहीं भी भटकने नहीं दिया। अत: अष्टमस्थ राहु व द्वितीयस्थ केतु के कारण भय पूर्णत: निराधार है।

❑❑❑

उदाहरण 41 : मुख्य अभियंता (आई.आर.एस.ई.)
जन्म तिथि– 20.07.1955, जन्म समय– 8.07 प्रातः,
जन्म स्थान–झांसी (उत्तर प्रदेश)

जन्मांग चक्रम्

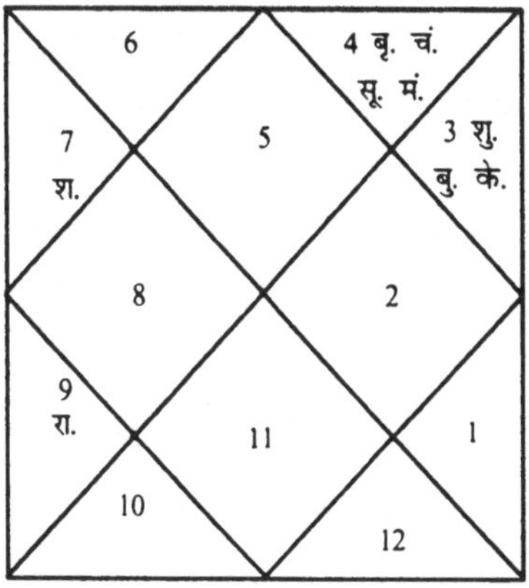

नवांश चक्रम्

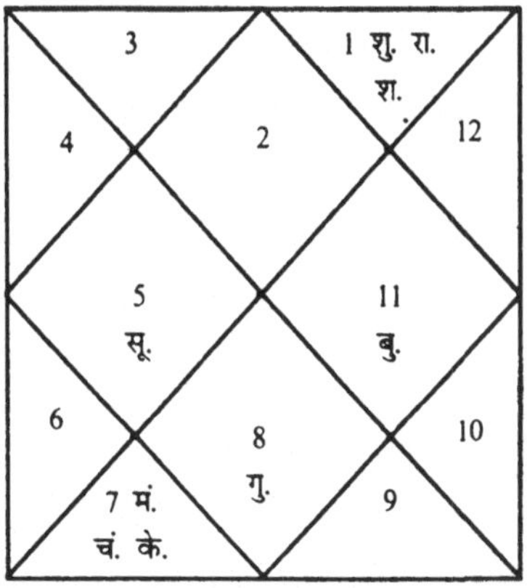

ग्रह	सूर्य	चंद्रमा	मंगल	बुध	बृहस्पति	शुक्र	शनि	राहु
राशि	3	3	3	2	3	2	6	8
अंश	03	11	12	16	14	21	21	03
कला	23	59	21	17	31	34	16	05

शनि दशा शेष – 6 वर्ष 8 माह 2 दिन

इस जातक के समस्त ग्रह पंचम के राहु तथा एकादश के केतु के बीच स्थित है जिसके कारण जन्मांग में पद्म कालसर्प योग बताया जाता है। परिणाम स्वरूप जातक को इस योग के कारण उत्पन्न संकट से गुजरना चाहिए।

यह जातक प्रारंभ से ही मेधावी छात्र रहा तथा गणित विषय में विशेष निपुणता रही, जिसके फलस्वरूप इसने इंजीनियरिंग की शिक्षा प्राप्त की व भारतीय इंजीनियरिंग सेवा की परीक्षा उत्तीर्ण कर प्रथम वरीयता सूची में स्थान प्राप्त कर भारतीय रेल इंजीनियरिंग सेवा के लिए

चुना गया व वर्तमान में मुख्य अभियंता के पद पर कार्यरत है। जातक की पत्नी भी उच्च शिक्षा प्राप्त महिला है जो अध्यापन का कार्य करती है। जातक की प्रथम कन्या व द्वितीय पुत्र संतान है।

जन्मांग में आप स्पष्ट देख सकते हैं कि पंचम भाव में बैठा नीच राशि का राहु भी नकारात्मक परिणाम नहीं दे पाया। कारण पंचमेश बृहस्पति न केवल उच्चस्थ है बल्कि पंचमेश, लग्नेश व भाग्येश तथा चतुर्थेश को राज योगकारी युति भी है तथा एकादश भाव से शुक्र व बुध दोनों ही पंचम भाव पर पूर्ण दृष्टिपात कर रहे हैं तथा चतुर्थ भाव पर बृहस्पति की पूर्ण दृष्टि है। जिसके कारण जातक शिक्षा में विशेष निपुण रहा तथा पंचम भाव पर शनि की दृष्टि तथा पंचमेश की मंगल के साथ युति ने जातक को सिविल इंजीनियरिंग की शिक्षा दिलायी व जातक को मुख्य अभियंता के पद पर ले गया, जबकि जातक की उच्च शिक्षा तथा प्रतियोगी परीक्षा में सफलता केतु नामक ग्रह की महादशा में प्राप्त हुई। नवांश लग्न भी, शुभ ग्रह बृहस्पति से पूर्ण दृष्ट है तथा जन्मचक्र में सप्तमेश की उच्चस्थ अवस्था है, जिसके फलस्वरूप जातक की पत्नी भी पढ़ी-लिखी महिला है तथा दांपत्य जीवन पूर्ण सुखमय है।

इस प्रकार आप देख सकते हैं कि प्रत्यक्ष रूप में जहां राहु, वास्तव में खराब है, वहां भी अन्य ग्रह स्थिति के अनुकूल होने के कारण कोई ऋणात्मक परिणाम प्राप्त नहीं हुआ।

अत: KSY का भय न केवल निराधार है वरन सत्य से परे भी।

❑❑❑

उदाहरण 42 : हेनरी फोर्ड

जन्म तिथि– 30.07.1963, जन्म समय– 2.00. सायं,

जन्म स्थान–अक्षांश 42⁰ 5' (N) रेखांश 83⁰ 4' E

जन्मांग चक्रम

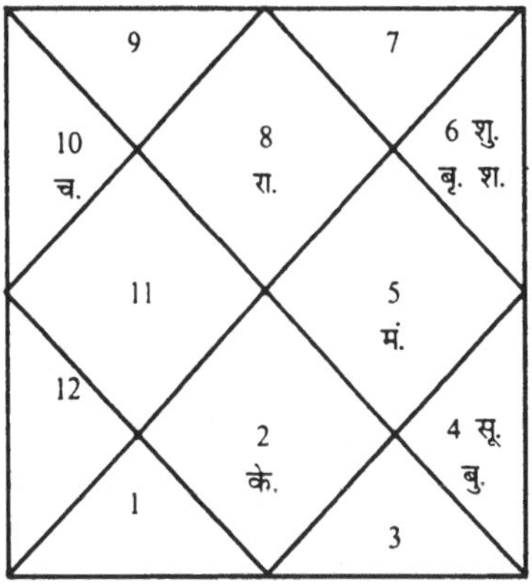

नवांश चक्रम

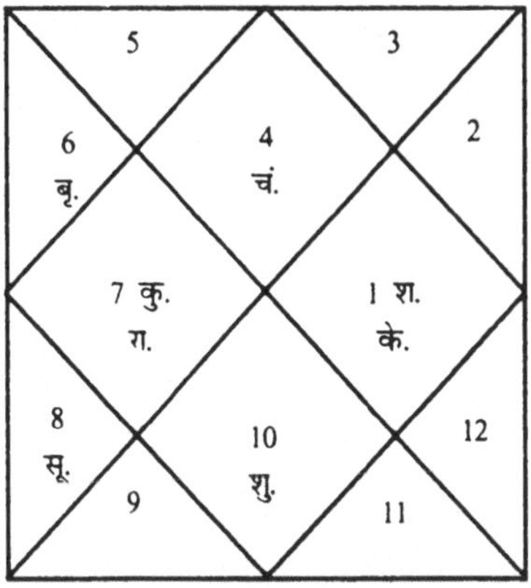

ग्रह	सूर्य	चंद्रमा	मंगल	बुध	बृहस्पति	शुक्र	शनि	राहु
राशि	3	9	4	4	5	55	5	7
अंश	16	20	07	12	29	01	10	13
कला	34	12	25	32	36	44	32	05

यह जन्मांग प्रसिद्ध उद्योगपति हेनरी फोर्ड का है, जिन्होंने कार जगत में एक नई क्रांति का संचार किया। इनके साम्राज्य, धन, प्रसिद्ध की मिसाल दी जाती है। इनके जन्मांग में चंद्रमा को छोड़कर सभी ग्रह राहु तथा केतु के बीच है, जिसे तथाकथित ज्योतिषी स्वेच्छापूर्वक पूर्ण या आंशिक कालसर्प योग की संज्ञा दे सकते हैं। लग्न के राहु तथा सप्तम के केतु के कारण बनने वाले कालसर्प योग को अनंत कालसर्प योग के नाम से परिभाषित किया जाता है जिसके दुष्परिणाम के रूप में जातक को मानसिक अशांति, दुर्बुद्धि, झूठ बोलने की आदत, बार-बार व्यवसाय बदलना, प्रत्येक कार्य में हानि आदि कष्टों से गुजरना पड़ता है। यहां जातक का नाम ही इसकी सफलता की तस्वीर प्रस्तुत करने

के लिए पर्याप्त है। चतुर्थ भाव का स्वामी शनि, मित्र ग्रह, शुक्र के साथ लाभ भाव में बैठा है। शुक्र नीचस्थ है परंतु वक्रीय होने के कारण नीच भंग योग है। बृहस्पति जो योगकारी ग्रह है इनके साथ युत है, जो 30^0 का होने के कारण चलित में तुला राशि का होकर चतुर्थ भाव पर शुभ दृष्टि डाल रहा है। लग्नेश मंगल, मित्र ग्रही होकर दिग्बली है व दशम भाव का स्वामी नवम भाव में बैठकर, नवमेश से पूर्ण दृष्ट है। साथ ही साथ लग्नगत राहु, वृश्चिक राशि में बैठकर जातक को अद्‌भुत गुप्त ऊर्जा प्रदान कर रहा है। इसके परिणामस्वरूप हेनरी फोर्ड एक साम्राज्य की स्थापना कर पाए।

यदि जन्मांग में नवांश पर नजर डाला जाए तो स्थिति और स्पष्ट हो जाएगी। नवांश लग्नाधिपति स्वराशिस्थ है तथा पराक्रम भाव मे बैठा बृहस्पति नवम भाव पर पूर्ण दृष्टि डालता है, साथ ही जन्म कारक सूर्य भी नवांश में त्रिकोणस्थ है। जिसने हेनरी फोर्ड को पूर्ण व्यावसायिक सफलता प्रदान कराया व प्रसिद्धि दिलाया।

निष्कर्ष : जन्मांग पर विचार करने के बाद यह निष्कर्ष सहज ही निकाला जा सकता है कि तथाकथित कालसर्प योग का कोई भी दुष्परिणाम इन्हें प्राप्त नहीं हुआ क्योंकि यह कोई योग होता ही नहीं। यदि यह कोई योग होता तो निश्चय ही फोर्ड को इससे गुजरना पड़ता।

❑❑❑

उदाहरण 43 : अनिल कपूर (अभिनेता)
जन्म तिथि– 24.12.1959, जन्म समय– 12.00 (सुबह),
जन्म स्थान–अक्षांश 19° 03' (N) रेखांश 72° 54' E

जन्मांग चक्रम्

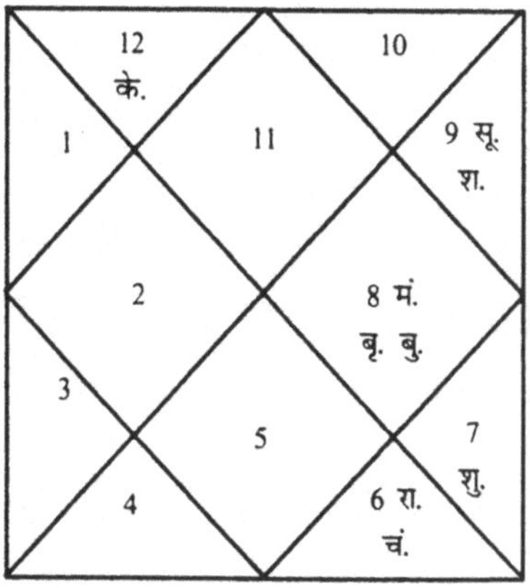

नवांश चक्रम्

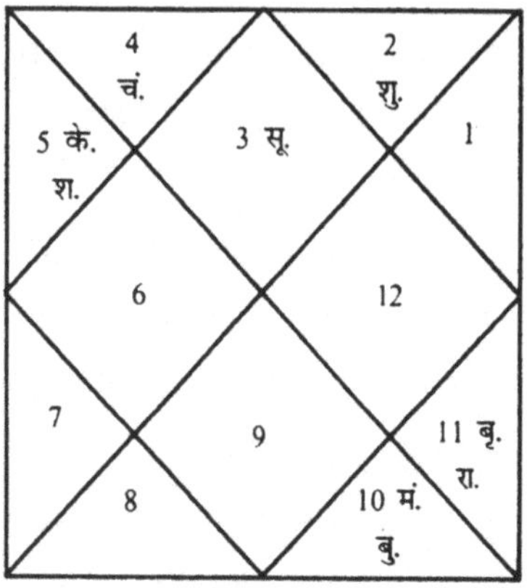

ग्रह	सूर्य	चंद्रमा	मंगल	बुध	बृहस्पति	शुक्र	शनि	राहु
राशि	8	5	7	7	7	6	8	5
अंश	8	22	21	20	23	25	15	05
कला	24	26	24	24	45	55	15	43

चंद्र दशा शेष – 0 वर्ष 7 माह 20 दिन

यह जन्मांग प्रसिद्ध अभिनेता अनिल कपूर की है, जिन्होंने फिल्मी जगत में अच्छी पहचान बनाई। देखें जन्मांग में अष्टम के राहु तथा द्वितीय के केतु के बीच सभी ग्रह बैठे हैं, जिसके कारण जन्मांग में कर्कोटक नामक कालसर्प योग परिभाषित किया जाता है। इसके परिणाम स्वरूप कर्कोटक नामक KSY से संबंधित परेशानी से इनको गुजरना

चाहिए, परंतु सत्यता यह है कि इनका जन्म कुंभ लग्न का है। लग्नेश शनि एकादश भाव में बैठा है व द्वितीय भाव जो वाणी संवेदना का है का स्वामी बृहस्पति केंद्रवर्ती होकर वाणी के कारक बुध के साथ बैठा है। फिल्म कला का कारक शुक्र भाग्य भाव में स्वगृही होकर बैठा है। जिसने कपूर को वास्तव में कलाकार बनाया है। चंद्र कुंडली से द्वितीय भाव का कारक शुक्र स्वयं स्वगृही है। जो नवांश में भी स्वगृही है जिसके परिणाम स्वरूप अनिल कपूर एक सफल कलाकार का मुकाम हासिल कर सकें।

यहां आप स्पष्ट देख सकते हैं कि अष्टम भाव में कन्या राशि का राहु, जो नवांश में भाग्य भाव में बैठा है, कोई दुष्परिणाम प्रदान नहीं किया। अतः कालसर्प योग के नकारात्मकता की बात करना निश्चय ही तर्कसंगत नहीं होगा।

इनके जन्मांग में मजबूत शुक्र, शनि व मंगल ने फिल्म जगत का सफल अभिनेता बनाया।

निष्कर्ष : अष्टमस्थ राहु व द्वितीयस्थ केतु से भयभीत होने की आवश्यकता नहीं है। यद्यपि अष्टमस्थ राहु, उत्तम फल नहीं देता, परंतु यह नकारात्मक-सा सकारात्मक परिणाम, राशि, बल तथा अन्य ग्रहों की दृष्टि के अनुसार प्रदान करता है। अतः कर्कोटक नामक कालसर्प योग के भ्रम में आप न आएं, न ही भयभीत होवें, यदि अष्टमस्थ राहु शुभ है तो निश्चय ही लाभकारी परिणाम देगा।

❑❑❑

उदाहरण 44 : वरिष्ठ पत्रकार

जन्म तिथि– 25.09.1954, जन्म समय– 05.00 सायं,

जन्म स्थान–बगदाद

जन्मांग चक्रम् **नवांश चक्रम्**

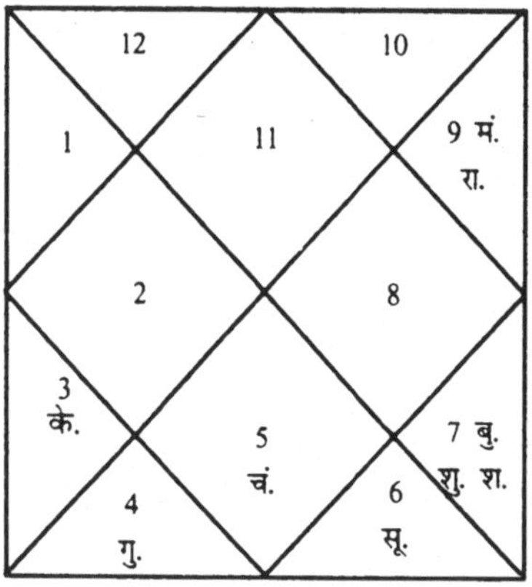

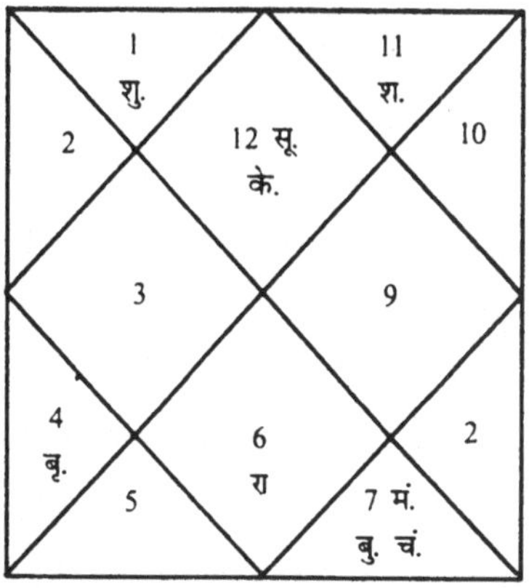

ग्रह	सूर्य	चंद्रमा	मंगल	बुध	बृहस्पति	शुक्र	शनि	राहु
राशि	5	4	8	6	3	6	6	8
अंश	6	22	21	02	02	23	14	17
कला	44	18	08	14	34	07	13	58

शुक्र दशा शेष – 6 वर्ष 6 माह 21 दिन

यह जन्मांग एक वरिष्ठ महिला पत्रकार की है। जिन्होंने अपने लेखनी की निपुणता के बल पर आज इस ऊंचाई पर है कि पत्रकारिता जगत में इनका नाम बड़े ही आदर से लिया जाता है। इस महिला के भी समस्त ग्रह एकादश के राहु व पंचम के केतु के बीच स्थित है जिससे इन्हें भी कालसर्प योग बताया जाता है। यदि जन्मांग का विश्लेषण किया जाए तो स्पष्ट है कि द्वितीयेश (धन, रोजगार, वाणी) बृहस्पति छठे भाव का उच्च होकर बैठा है तथा व्यवसाय की प्रकृति का स्वामी मंगल स्वयं बृहस्पति की राशि में बैठा है। तृतीय भाव क्रमशः

बुध, शुक्र व शनि द्वारा देखे जाते हैं। जन्मांग में लग्नेश, चतुर्थेश, पंचमेश व नवमेश की त्रिकोणस्थ युति राजयोगकारी है। जिसके कारण जातिका पत्रकारिता के शीर्ष पर है। यहां यह भी ध्यान देने वाली बात है कि राहु की महादशा में ही जातिका ने पत्रकारिता का प्रारंभ किया और सफलता प्राप्त की।

यहां एकादश भाव का राहु योगकारी परिणाम देने वाला सिद्ध हुआ। यदि इस महिला के नवांश चक्र पर विचार किया जाए तो स्थिति और भी स्पष्ट हो जाती है। नवांश में पत्रकारिता, लेखनी आदि का कारक ग्रह बृहस्पति पंचम भाव में उच्च का होकर बैठा है जो नवांश लग्न को पूर्ण दृष्टि से देखता है जिससे जातिका को पत्रकारिता जगत में प्रसिद्धि प्रदान कराया।

निष्कर्ष : यहां भी आप देख सकते हैं कि भ्रामक कालसर्प योग का कोई अस्तित्व नहीं है। प्रत्येक ग्रह अपने स्वभाव व बलाबल के अनुसार, अपना परिणाम देने वाले हैं। किसी भी शुभ ग्रह का परिणाम राहु तथा केतु से बाधित नहीं हुआ है। अतः राहु, केतु के मूल स्वभाव का फल निश्चय ही प्राप्त होता है, परंतु राहु-केतु के फल का तात्पर्य KSY नहीं होता।

❑❑❑

उदाहरण 45 : महारानी विक्टोरिया

जन्म तिथि– 23/24.05.1819, जन्म समय– 04.04,

जन्म स्थान–इंग्लैंड, अक्षांश 51^{0} 30' (N) रेखांश 0^{0} 5' (W)

जन्मांग चक्रम्

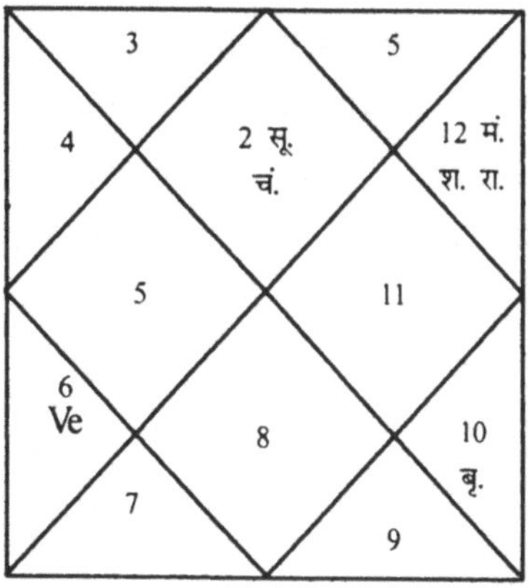

नवांश चक्रम्

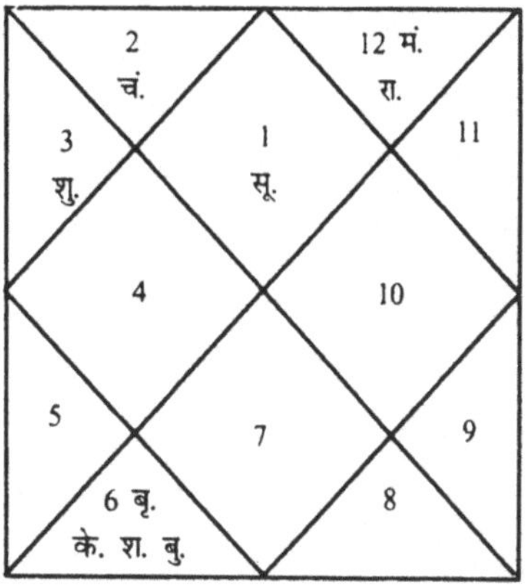

ग्रह	सूर्य	चंद्रमा	मंगल	बुध	बृहस्पति	शुक्र	शनि	राहु
राशि	1	1	11	0	9	0	11	11
अंश	12	13	27	19	27	6	8^{0}	28
कला	13	40	42	2^{1}	4	45	53	17^{1}

महारानी विक्टोरिया के जन्मांग में बृहस्पति को छोड़ शेष सभी ग्रह एकादश के राहु तथा पंचम के केतु के बीच बैठे हैं। जिसके परिणामस्वरूप आंशिक विषाक्त नामक कालसर्प योग कहा जाता है तथा इसके नकारात्मक परिणाम के रूप में इन्हें अनिद्रा, रोजी रोटी के लिए घर से दूर, जीवन भर कोर्ट कचहरी से संबंधित परेशानी का भोग क्ररना चाहिए।

परंतु यदि जन्मांग का विश्लेषण किया जाए तो स्पष्ट होता है कि यह जन्मांग किसी राजा/रानी का ही हो सकता है–

देखें–इनका जन्म वृष लग्न में हुआ है तथा लग्न में ही उच्चस्थ चंद्रमा, चतुर्थेश सूर्य के साथ बैठा है तथा एकादश भाव में मंगल, शनि व राहु तीनों ही बैठे हैं, जिसमें मंगल व राहु पूर्णतः वर्गोत्तम में बैठे हैं। तथा द्वादश भाव में दोनों शुभ ग्रह शुक्र तथा बुध की युति है। शनि, जो भाग्याधिपति तथा कर्माधिपति है, एकादश भाव में मंगल से लगभग 19^0 पर है, परिवर्तन योग, बृहस्पति से बना रहा है। यहां यद्यपि बृहस्पति नीच का है परंतु सद्बल प्राप्त है तथा मंगल के नक्षत्र में है। जिसने ब्रिटिश साम्राज्य के नए युग का प्रारंभ कराया। महारानी विक्टोरिया के जन्म समय चंद्रमा 7 वर्ष 3 माह शेष था, अर्थात जीवन का वास्तविक समय इनका राहु काल में ही गुजरा और इन्होंने इसी समय जीवन की प्रत्येक ऊंचाइयां पाईं। बृहस्पति की महादशा में राहु व केतु की अंतर्दशा भी इनके लिए राजयोगकारी सिद्ध हुईं।

सारांश रूप में आप देख सकते हैं कि कपोल कल्पित कालसर्प योग का कोई भी नकारात्मक परिणाम प्राप्त नहीं हुआ। यदि महारानी विक्टोरिया को असफल और सुखहीन कहा जाएगा तो सफलता की परिभाषा को निश्चय ही नया बनाना पड़ेगा।

निष्कर्ष : प्रत्येक सफल और प्रसिद्ध व्यक्ति के जन्मांग में कालसर्प योग बताने की प्रथा का मात्र उद्देश्य लोगों को कालसर्प योग की महत्ता को स्वीकार करना है, जिससे अधिक से अधिक लोग इस अस्तित्वविहीन योग को मानें और कालसर्प योगी ज्योतिषी जी के द्वारा चलाए जा रहे पूजा, यंत्र, कवच का मार्ग अपनाएं, जिससे वे धनार्जन कर सकें।

❑❑❑

उदाहरण 46 : बाल गंगाधर तिलक
जन्म तिथि– 23.07.1856, जन्म समय– 6.24 प्रातः,
जन्म स्थान–अक्षांश 18° 32' (N) रेखांश 73° 52' E

जन्मांग चक्रम्

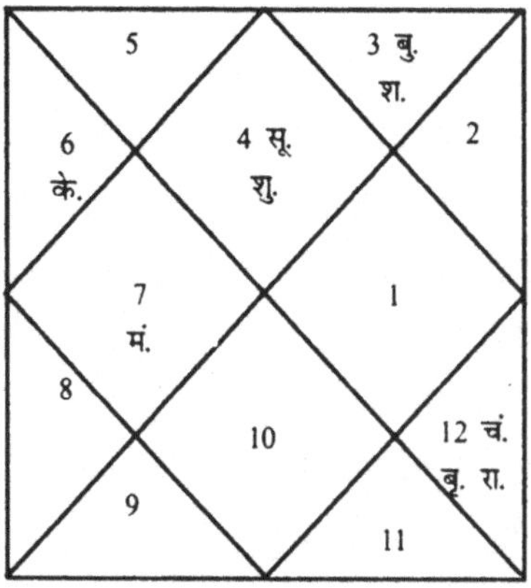

नवांश चक्रम्

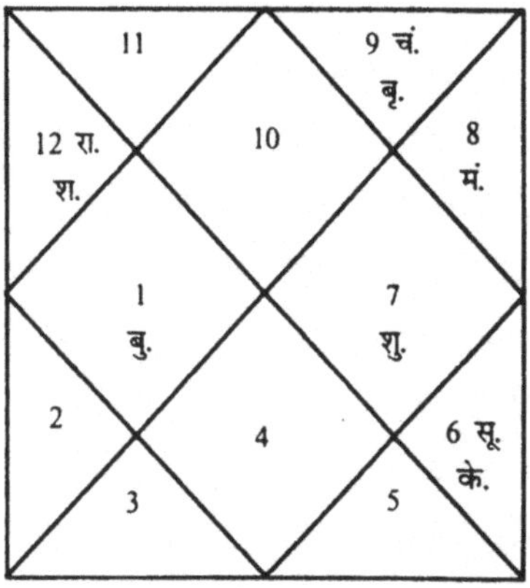

ग्रह	सूर्य	चंद्रमा	मंगल	बुध	बृहस्पति	शुक्र	शनि	राहु
राशि	3	11	6	2	11	3	2	11
अंश	9	19	5	22	18	10	16	28
कला	56	15	11	36	46	28	54	56

बुध महादशा शेष – 13 वर्ष 8 माह 14 दिन

बाल गंगाधार तिलक का जन्म कर्क लग्न में हुआ है तथा मंगल को छोड़ शेष सभी ग्रह नवम के राहु तथा तृतीय के केतु के बीच स्थित है। जिससे इनके जन्मांक में शंखनाद नामक कालसर्प योग बनता है और इसके परिणामस्वरूप इन्हें बार-बार भाग्यहीनता, अपमान का दुख, पिता सुखहीनता, गृहस्थ सुख में कमी,

सम्मान हीनता जैसे भयानक परिणाम से गुजरना चाहिए। परंतु पाठक नाम से ही इनके सम्मान व व्यक्तित्व के बारे में समझ चुके होंगे। जहां तक प्रश्न इनके जेल जाने का है तो मैं यहां उल्लेख कर दूं कि इनके जन्मांक में स्पष्ट रूप से बंधन योग है। जैसे–सूर्य तथा एकादशेश शुक्र की लग्नगत युति, अष्टमेश शनि की द्वादश भाव में स्थिति तथा उसकी लग्नेश पर दृष्टि।

जन्मांग में आप देख सकते हैं कि तथाकथित परिभाषा के अनुसार सभी ग्रहों के राहु व क़ेतु के बीच आने से किसी भी ग्रह का शुभ या अशुभ फल नहीं बदला। नवम भाव में बृहस्पति, चंद्रमा के साथ राहु के बैठने के बाद भी इन्हें पूर्ण गजकेसरी नामक राजयोग का फल प्राप्त हुआ। लग्नेश की नवम भाव में बृहस्पति की शुभ युति के कारण ही ये ईमानदार, धर्मपरायण व ऊर्जावान हो सकें।

निष्कर्ष : प्रचलित कालसर्प योग के नकारात्मक परिणाम को जन्मांग में दर्शाना, निश्चय ही असत्य है। क्योंकि KSY के दुष्परिणाम के रूप में प्रचारित किए जा रहे कुफल का कोई प्रभाव जन्मांग पर नहीं है।

आप यह आसानी से परिणाम प्राप्त कर सकते हैं कि तिलक जी के जन्मांग में KSY कहने का मात्र उद्देश्य स्वार्थपरता है सत्यता बिलकुल नहीं। इस महान देशभक्त का पूरा जीवन ही परोपकार व धर्म तथा संस्कृति के विकास में व्यतीत हुआ, इनके जन्मांग में KSY का उदाहरण पूर्ण मूर्खता है।

❑❑❑

उदाहरण 47 : सर आशुतोष मुखर्जी

जन्म तिथि– 29.06.1964, जन्म समय– 3.53 (लगभग),
जन्म अक्षांश 22^0 35' (N) रेखांश 80^0

जन्मांग चक्रम्

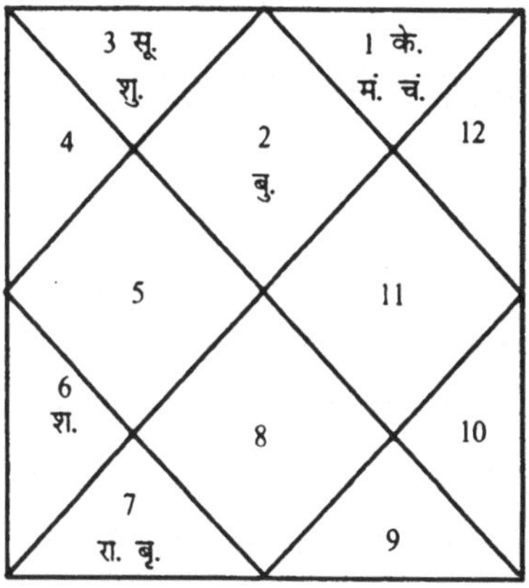

नवांश चक्रम्

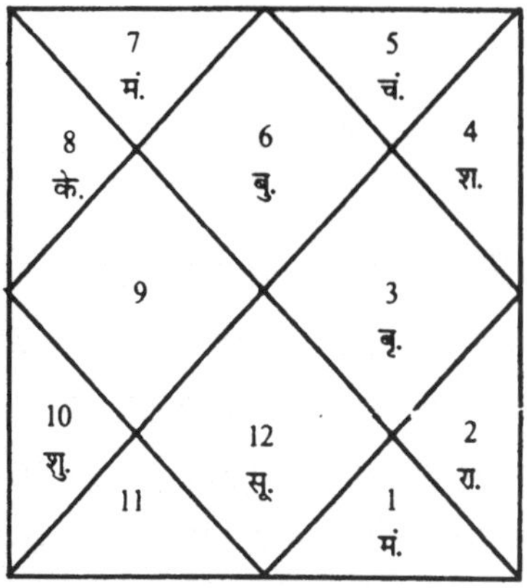

ग्रह	सूर्य	चंद्रमा	मंगल	बुध	बृहस्पति	शुक्र	शनि	रा.
राशि	2	0	0	1	6	2	5	6
अंश	16	16	2	27	27	11	20	25
कला	50	19	39	50	36	26	59	24

शुक्र दशा शेष – 15 वर्ष 6 माह 9 दिन

सर आशुतोष मुखर्जी के जन्मांग में भी सभी ग्रह षष्ठ के राहु व द्वादश के केतु के बीच स्थित है जिसके कारण जन्मांग में तक्षक नामक कालसर्प योग की संज्ञा दी जाती है व इसके गंभीर परिणामों को जन्मांग में दर्शाया जाता है। परंतु यदि जन्मांग का विश्लेषण किया जाए तो स्पष्ट है कि छठे भाव का राहु, इनके जीवन में वो ऊंचाई प्रदान किया जो सामान्यतः अन्य ग्रह नहीं कर सके। राहु के समय में ही ये हाईकोर्ट के जज बने व अपार ख्याति प्राप्त की। पूर्ण रूप से 18 वर्ष तक ये जज बने रहे। चंद्र कुंडली से भी राहु भाग्येश के साथ बैठा है। नवांश में राहु उच्चस्थ होकर पुनः भाग्य भाव में बैठा है व केतु तृतीय भाव में, जिसके कारण राहु की दशा इनके लिए विशेष सफलतादायी सिद्ध हुई। इन्हें तक्षक नामक कालसर्प योग का कोई भी दुष्परिणाम नहीं प्राप्त हुआ। ❑❑❑

8

राहु व केतु का द्वादश भाव में फल

आजकल जन सामान्य राहु व केतु का नाम सुनकर ही घबरा जाता है, चाहे राहु व केतु लाभदायी ही क्यों न हो। तथाकथित ज्योतिषियों द्वारा प्रसारित ढोंग कालसर्प योग का व्यक्ति विशेष के मानस पटल पर गहरा प्रभाव पड़ चुका है। इस ढोंग के समापन के लिए मैं यहां राहु व केतु के द्वादश भाव में उपस्थिति का फल लिख रहा हूं इससे आपको स्पष्ट हो जाएगा कि राहु अन्य ग्रहों की तरह ही लाभदायी व नुकसानदायी होता है।

राहु फलम्

प्रथम भाव : महर्षि गर्ग के अनुसार यदि राहु लग्न में हो तो निम्न फल प्रदान करता है–

सर्वांगरोगी विकलः कुमूर्तिः कुवेशधारी कुतर्की कुकर्मी।
अधार्मिकः साहसकर्मदक्षो रक्तेक्षणश्च द्ररिद्रौ तनुस्थे॥

अर्थात यह जातक को रोगी काया, आलसी, गंदा रहने वाला, अधार्मिक, दुष्चरित्रवान और साहसी कार्यों में दक्ष बनाता है। राहु लग्नगत हो, आंखों में लालिमा प्रदान करता है व शरीर की बनावट में कुछ न कुछ असामान्य भी देता है और यदि शुभ ग्रहों के प्रभाव के कारण शारीरिक असमान्यता नहीं होती तो वाणी दोष देता है। अनुभव में यह पाया गया है कि यदि राहु **लग्न में मेष, वृष, कर्क और सिंह** राशि का हो तो उत्तम फल प्रदान करता है। लग्नगत राहु समस्त भौतिक सुख प्रदान करता है। ऐसा जातक सामान्य घर में पैदा हो तो भी उच्चतर स्थिति प्राप्त करता है। राहु प्रधान जातक सदैव अपने साहस, पराक्रम व खतरा मोल लेने की प्रकृति के कारण पहचाने जाते हैं।

द्वितीय भाव : द्वितीय भाव का राहु जातक को महत्त्वाकांक्षी तथा जोखिम लेने की प्रवृत्ति वाला बनाता है। ऐसा जातक बहुत धन कमाता है व धन कमाने के लिए कोई भी नाजायज मार्ग भी चुन सकता है। ये जातक अपने स्वयं के उद्देश्य के प्रति बहुत जागरूक होते हैं व आसानी से कभी भी हारते नहीं। अपने व्यापार / नौकरी में सदैव कुछ न कुछ समस्या से गुजरते हैं और कई बार इन्हें अदालती मार्ग भी चुनना पड़ता है। द्वितीयस्थ राहु, घर से दूर अधिक समृद्धता प्रदान करता है। ऐसे जातकों का पारिवारिक सदस्यों से संबंध खराब होता है तथा परिवार में सदैव किसी न किसी का स्वास्थ्य खराब रहता है। द्वितीयस्थ राहु, दो विवाह का योग भी देता है। यदि द्वितीयस्थ राहु को मंगल व शनि दृष्ट कर रहे हों तो यह योग निश्चित ही फलिभूत होता है। द्वितीय भाव में कन्या व कुंभ राशि को छोड़कर शेष सभी राशियों में राहु का फल उत्तम होता है।

तृतीय भाव : तृतीयस्थ राहु जातक को साहसी, पराक्रमी, बलवान तथा परिश्रमी बनाता है। ऐसे जातक अपने हाथ में जो भी कार्य लेते हैं उसे पूरा करते हैं। छोटे-छोटे कार्यों में इनका मन नहीं लगता, ये सदैव बड़े कार्य करने में विश्वास रखते हैं। अपने अल्प परिश्रम से ही ये अधिक समृद्धता प्राप्त करते हैं। सफलता इन्हें सहज ही प्राप्त होती है जिसके फलस्वरूप कभी-कभी इनका व्यवहार थोड़ा रूखा भी हो जाता है। भाग्य इनका खूब साथ देता है। परंतु भाइयों के मामले में ये सदैव अभाग्यशाली होते हैं। इनकी आपस में बनती नहीं, जिससे परिवार में विखंडन होता है। तृतीयस्थ राहु जातक को कर्ण पीड़ा भी प्रदान करता है। परंतु यदि शुभ ग्रह बृहस्पति इसे देखता है तो कर्ण पीड़ा दोष समाप्त हो जाता है। अनुभव में यह देखा गया है कि यदि राहु तृतीय भाव में धनात्मक राशि में है तो निश्चय ही जातक भाग्यशाली व समृद्धशाली होता है, परंतु ये जातक दूसरे की चिंता कम करने वाले होते हैं। तृतीयस्थ राहु स्वयं की सफलता के लिए गलत मार्ग भी चुनने में समय नहीं लेता। इनके भाइयों का प्रारब्ध साथ नहीं देता। यदि राहु तृतीय भाव में नकारात्मक राशि में हो तो बहनों के लिए अत्यधिक खराब परिणाम देता है या तो उनकी प्रारंभ में ही मृत्यु हो जाती है या उनका जीवन अत्यधिक दुखी होता है।

चतुर्थ भाव : चतुर्थ भाव में राहु की उपस्थिति निश्चित ही निराशाजनक होती है। यद्यपि बृहस्पति व शुक्र की यदि राहु पर दृष्टि पड़ रही हो तो जातक को निराशाजनक परिणाम कम प्राप्त होते हैं। परंतु यदि शुभ ग्रह को दृष्टिगत संबंध न हो तो माता-पिता में एक का सुख प्राप्त नहीं होता है। अन्य योगों के कारण यदि जातक अच्छा धन भी प्राप्त कर ले तो भी भूमि, गृह का सुख प्राप्त नहीं होता है। स्वयं के गृह निर्माण का स्वप्न पूरा होने में बहुत मुश्किलों का सामना करना पड़ता है। जातक की पत्नी की मृत्यु उससे पहले होती है और विधुर का जीवन व्यतीत करता है। परंतु यदि शुभ ग्रहों की दृष्टि राहु पर हो, तो जातक को कैरियर में कम आयु में अच्छी उंचाई प्रदान करता है व गृह तथा वाहन का पूर्ण सुख भी प्राप्त होता है। चतुर्थ भाव के राहु पर यदि किसी शुभ ग्रह की दृष्टि न हो तथा मंगल, राहु को देखें तो परिवार में विशिष्ट सदस्य की हत्या का योग बनता है। यदि राहु को शनि देखें, तो जातक की माता को गंभीर बीमारी होती है। सारांश रूप में चतुर्थस्थ राहु, सदैव खराब फल प्रदान करता है। यदि उस पर शुभ ग्रह की दृष्टि न हो तो।

पंचम भाव : पंचम भाव में राहु की उपस्थिति मिश्रित फल प्रदान करती है। **यदि राहु मेष, वृष, कर्क व सिंह** राशि का हो तो जातक साहसी, प्रतिभावान, कर्मठी तथा धैर्यवान होता है। ऐसा जातक स्वयं के प्रयास से अच्छा धन, समृद्धता प्राप्त करता है। इन जातकों में और भी निखार तब आता है जब ये अपने विषम परिस्थितियों से गुजरते हैं। ईश्वर ने इन्हें कष्ट सहन करने की अद्भुत क्षमता दी है। परंतु स्वयं के प्रयास से ये प्रत्येक विषम परिस्थिति से बाहर आ जाते हैं और अंततः अपनी मंजिल प्राप्त कर लेते हैं। उपरोक्त वर्णित राशियों के अतिरिक्त पंचमस्थ राहु, जहां अध्ययन पूरा नहीं होने देता वहीं संतान की चिंता देता है। साथ ही साथ अचानक धन-नाश का योग भी देता है। जीवन में सदैव उतार-चढ़ाव लगा रहता है। सम राशि में गया हुआ राहु अधिकतर मात्र कन्या संतान देता है। विषम राशिगत राहु कम संतान देता है, उनकी मृत्यु जल्दी कराता है। यदि अन्य प्रबल योगों के कारण संतानें जीतीं भी हैं तो भी कष्टकारी होती हैं। पत्नी को स्त्रीजनित रोगों से गुजरना पड़ता है। जातक स्वयं पाचन क्रिया व आंत से संबंधी रोग से ग्रस्त हो सकता है।

षष्ठ भाव : छठे भाव का राहु उत्तम फल प्रदान करने वाला होता है। ऐसा जातक अपने धुन का पक्का होता है तथा प्रत्येक कार्य को करने में अपनी पूर्ण निष्ठा व साहस तथा परिश्रम का परिचय देता है। षष्ठस्थ राहु जातक को भाग्यशाली बनाता है। शत्रु पक्ष पर सदैव विजय प्राप्त करने वाला होता है। नौकरी/व्यवसाय से संबंधित अदालती मामलों में विजय प्राप्त करता है। षष्ठस्थ राहु जातक को जहां निरोग काया देता है वहीं यह रोगों से लड़ने की क्षमता भी प्रदान करता है। ऐसे लोग, सामान्य व्यक्ति की तुलना में किसी भी बीमारी से जल्दी स्वस्थ होते हैं। षष्ठस्थ राहु को यदि मंगल व शनि देखते हैं तो भावगत राशि से संबंधी रोग भी प्रदान करते हैं। सारांश रूप में छठे भाव का राहु यदि पापग्रहों द्वारा दृष्ट न हो तो उत्तम फलदायी होता है।

सप्तम भाव : सप्तमस्थ भावगत राहु नकारात्मक परिणाम प्रदान करने वाला होता है। जहां यह विवाह में परेशानी पैदा करता है वहीं विवाह होने में विलंब भी कराता है। यदि पुरुष के जन्मांक में शुक्र व स्त्री के जन्मांग में सूर्य व बृहस्पति पापाक्रांत हो तो विवाह नहीं होने देते। यदि राहु सप्तम भाव में वृष, कर्क, कन्या, वृश्चिक, मकर व मीन राशियों का हो तो विवाह में कोई समस्या नहीं पैदा करता। परंतु विवाहोपरांत जीवन को अप्रसन्न बनाता है। या तो जीवन साथी रोगी होता है, नहीं तो दोनों की मानसिकता भिन्न होती है। यह द्विविवाह का योग भी देता है। परंतु दूसरे विवाह से भी प्रसन्नता नहीं मिलती, ऐसे जातकों का संबंध परस्त्री से भी हो सकता है। परंतु धनु व मीन राशि जो बृहस्पति की राशियां हैं में इसका नकारात्मक फल प्राप्त नहीं होता। ऐसे जातक को जुआ, सट्टा, शेयर आदि की प्रवृत्ति भी होती है। सप्तमस्थ राहु नौकरी में जाने नहीं देता, सदैव स्वतंत्र कार्य में विश्वास रखता है। यदि सप्तमस्थ राहु पर शुभग्रहों की दृष्टि हो तो इसका नकारात्मक परिणाम समाप्त हो जाता है।

अष्टम भाव : अष्टम भाव में गया हुआ राहु खराब फल देने वाला होता है। जब तक कि अष्टमेश मजबूत अवस्था में केंद्र या त्रिकोण में न हो। यह जीवन में अत्यधिक संघर्ष प्रदान करता है तथा जीवन में स्थायित्व का अभाव पैदा करता है। बचपन में चोट, उंचाई से गिरना, आग से जलना आम बात होती है। परंतु यदि अष्टमेश केंद्र या

त्रिकोणवर्ती हो तो अष्टम के राहु का उत्तम फल प्राप्त होता है। ऐसा जातक दीर्घजीवी, परिश्रमी, साहसी होता है। जीवन में धन सभी मार्गों से अर्जित करता है। परंतु यदि अष्टमेश या राहु बृहस्पति से दृष्ट हो जाए तो गलत मार्ग से धन नहीं कमाता।

नवम भाव : नवमस्थ राहु जातक के लिए सदैव योगकारी परिणाम प्रदान करने वाला होता है। नवम भाव में बैठा राहु जातक को कठोर परिश्रम व संघर्ष की क्षमता प्रदान कराने वाला होता है। यद्यपि ऐसे जातकों का प्रारब्ध अनिश्चित होता है परंतु ये अपने संघर्ष व विवेक से सभी मुश्किलों से बाहर आ जाते हैं। और सम्मान, धन, समृद्धता प्रचुर मात्रा में प्राप्त करते हैं। धनु व मीन राशि का राहु सफल राजनीतिक जीवन देता है। परंतु राजनीति में ईमानदारी व सिद्धांतों को बहुत हद तक जीवंत रखता है। बहुत से ज्योतिषी ये मानते हैं कि राहु यहां दोहरा चरित्र देता है परंतु व्यवहार में यह पाया जाता है कि यदि राहु शनि के घर में हो, या चंद्रमा के साथ वृश्चिक राशि में बैठा हो तो ही यह स्वभाव देता है। अन्य राशियों में पूर्णत: जिम्मेदार व विश्वसनीय व्यक्तित्व प्रदान करता है। यदि तृतीय भाव या तृतीयेश बृहस्पति से दृष्ट न हो तो जातक अपने मां-बाप की इकलौती संतान होता है। नवम भावगत राहु जातक को अति महत्त्वाकांक्षी बनाता है व ऐसे जातक बड़े पैमाने पर कार्य करने में विश्वास रखते हैं। यदि राहु पृथ्वी तत्त्व वाली राशि में हो तो इनका झुकाव व्यापार की तरफ होता है। ऐसे जातकों का भाग्योदय उम्र के 33वें वर्ष होता है।

दशम भाव : राहु की दशमस्थ अवस्था पूर्ण फलदायिनी व भाग्यदायिनी होती है। ऐसे जातक जो कुछ विशेष करना चाहते हैं उनके लिए यह सर्वाधिक उचित अवस्था कही जाती है। दशमस्थ राहु वाले जातक अपने कार्यों में सदैव सफल होते हैं। यदि दशम भाव की राशि मिथुन, कर्क, कन्या और कुंभ हो और इस राशि में राहु बैठा हो तो जातकों को शीघ्र सफलता व प्रसिद्धि प्रदान करता है। अन्य राशि में स्थित राहु, प्रारंभिक संघर्ष के बाद सफलता प्रदान कराता है। दशमस्थ राहु वाले जातक, अपने लिए स्वयं अपना रास्ता बनाते हैं और ना ही अपने कार्यों में किसी का हस्तक्षेप बर्दाश्त करते हैं और ना ही किसी दूसरे के कार्य में हस्तक्षेप करते हैं। ये स्वभावत: स्वतंत्र विचार के होते हैं, अत: ये

स्वयं स्वतंत्र प्रकार का कार्य ही करते हैं। ऐसे जातक राजनीति, वकालत और प्रबंधन के कार्य में विशेष सफल होते हैं। यदि राहु व मंगल की युति हो तो जातक को सफलता में बहुत बाधाओं का सामना करना पड़ता है। इसी प्रकार राहु व चंद्रमा तथा राहु व सूर्य की युति भी दुखदायिनी होती है।

एकादश भाव : एकादश भाव में राहु की अवस्था जातक को शीघ्र सफलता, प्रसिद्धि तथा संबद्धता प्रदान करने वाली होती है। राहु यहां जातक को सभी प्रकार के कार्यों में जहां सफलता देता है वहीं शत्रु पक्ष पर भी विजय प्रदान कराने वाला होता है। परंतु मैंने अनुभव में यह पाया कि एकादश भाव वाले जातक शीघ्र धनवान बनने की इच्छा रखने वाले हाते हैं, परिणामस्वरूप यदि ये नौकरी में होते हैं तो धनार्जन के लिए घुस आदि लेने में माहिर होते हैं और खराब समय में ये पकड़े जाते हैं। और दंड के भागी होते हैं। व्यापारिक कार्यों वाले जातक भी शीघ्र धनवान बनने की इच्छा में सर्वस्व दांव पर लगा देते हैं और निर्धन बन जाते हैं। यदि राहु वृष या कर्क राशि का हो तो ऐसे जातक धैर्यपूर्वक अपने लक्ष्य की तरफ बढ़ते हैं और उम्र के 36 वर्ष बाद अपने उद्देश्य की प्राप्ति कर पाते हैं। विषम राशिगत राहु, संतान के लिए खराब फल प्रदान करता है। बहुधा गर्भपात या पत्नी को जनन रोग देता है परंतु यदि बृहस्पति की उत्तम अवस्था के कारण संतान हो जाए तो वो भी सर दर्द होती है। विदेश निवास, विदेश व्यापार के लिए एकादश का राहु विशेष रूप से योगकारी होता है।

द्वादश भाव : द्वादश भाव, राहु के लिए उत्तम स्थान है। ऐसा जातक विदेश या जन्म स्थान से दूर खूब धन कमाता है और अपने पैतृक संबंधों की कतई चिंता नहीं करता। ऐसा जातक अपने व्यापार के प्रति विशेष संवेदनशील होता है। जातक की प्रत्येक क्रिया-कलाप से इसका स्वार्थ प्रकट होता है। द्वादश भाव वाले जातक को आँखों से संबंधित परेशानी का डर होता है। यदि राहु बृहस्पति की राशि में हो तथा बृहस्पति केंद्र या त्रिकोण में हो तो जातक धार्मिक भावना का रूढ़िवादी होता है। धन व्यय सामाजिक कार्य व परोपकार में लगाता है।

(राहु के समान ही लगभग केतु का फल जानें)

❑❑❑

9

फेंगशुई का जहरवाद

पॉजिटिव एनर्जी, निगेटिव एनर्जी, पॉजिटिव एनर्जी, निगेटिव एनर्जी... इन शब्दों की ध्वनि को आज लगभग प्रत्येक व्यक्ति सुन रहा है। प्रत्येक आधुनिक वास्तुशास्त्री ब्रह्मास्त्र के रूप में इन शब्दों का उच्चारण कर अपने यजमान को प्रभावित करता हुआ देखा जा सकता है। आम जनमानस के लिए सर्वाधिक परेशानी इस बात की है कि कोई वास्तुशास्त्री यह कहता है कि आपका मकान, दुकान पूर्णत: वास्तु सम्मत है, परंतु जब कोई दूसरा वास्तुशास्त्री आता है तो वह तत्काल कहता है "अरे! आप लोग कैसे इस मकान में रह रहे हैं, इसमें तो हर तरफ निगेटिव एनर्जी का प्रवाह हो रहा है, पॉजिटिव एनर्जी तो है ही नहीं, जो थोड़ी बहुत है वह भी मकान के पीलर, बीम, चौरस दीवार आदि से टकराकर समाप्त हो जा रही है, मुझे तो ऐसा लग रहा है कि आपके घर में अत्यधिक परेशानियां हैं। यहां आर्थिक बचत तो संभव ही नहीं है। परिवार के लोगों का स्वास्थ्य भी बाधित हो रहा होगा।"

गंभीर प्रश्न यह है कि सामान्य व्यक्ति बड़ी मुश्किल से मकान बनाता है या खरीदता है, फिर हिम्मत कर अपनी समृद्धता व खुशी के लिए वास्तुशास्त्री से उपाय लेने जाता है और उसका सामना निगेटिव एनर्जी से पड़ जाता है और उसकी समझ में ही नहीं आता कि वास्तव में पॉजिटिव और निगेटिव एनर्जी का चक्कर क्या है? यदि वह हिम्मत करके वास्तुशास्त्री जी से पूछता है कि यह एनर्जी का क्या तात्पर्य है तो वास्तुशास्त्री जी तत्काल ही जवाब देते हैं– तुम्हें पता नहीं लग सकता, कोई भी सामान्य व्यक्ति नहीं जान सकता, पॉजिटिव व निगेटिव एनर्जी को मापने, समझने के लिए अत्यधिक साधना व फेंगशुई के अध्ययन की आवश्यकता होती है। प्रश्नकर्ता चुप होकर महाज्ञानी

वास्तुशास्त्री की बातें सुनता है और समस्या के निराकरण के लिए पूछता है। फिर शुरू हो जाता है मकान में परिवर्तन व परिवर्धन की प्रक्रिया, साथ में फेंगशुई के सामानों की लंबी सूची।

इसी मूक प्रश्न के उत्तर में मैंने **"फेंगशुई का जहरवाद"** पुस्तक लिखी है। इस पुस्तक में फेंग शुई के प्रारंभ से लेकर, व्यावहारिक पक्ष के प्रत्येक बिंदुओं को आपके सामने लाने का प्रयास किया है, जिससे आप यह जान सकें कि **वास्तव में आज आधुनिकता के सैलाब में हम बिना सोचे समझे, जिस फेंगशुई को दौड़कर पकड़ने की चेष्टा कर रहे हैं, वह वास्तव में आधारविहीन व अवैज्ञानिक विधा है, जिसका सत्य से कोई लेना देना नहीं है, न ही वास्तुशास्त्र से। हां, इसके पीछे हम दौड़कर जहां अपनी मूल संस्कृति के पूर्ण वैज्ञानिक विज्ञान पर आधारित वास्तुशास्त्र को छोड़ते जा रहे हैं वहीं अनुसरण की प्रवृत्ति वाले कुछ स्वार्थी तत्त्वों द्वारा फैलाए जा रहे जहरवाद की गिरफ्त में आते जा रहे हैं।**

मुझे आशा ही नहीं अपितु पूर्ण विश्वास है कि इस पुस्तक को पढ़कर आप वास्तविक फेंग शुई की सत्यता से रू ब रू हो सकेंगे।

('फेंगशुई का जहरवाद' नामक पुस्तक के कुछ अंश–)

आजकल जीवन के प्रत्येक दुख का कारण, वास्तुशास्त्री वास्तु दोष बता रहे हैं। जन-सामान्य अपनी आध्यात्मिक व धार्मिक आस्था के कारण, इन वास्तुशास्त्रियों की गिरफ्त में आ जाता है। ये वास्तुशास्त्री उपचार के रूप में महंगी से महंगी पूजा, मकान में परिवर्तन, फेंगशुई के सामानों की लंबी सूची (लिस्ट) जातक को देते हैं, फलस्वरूप सामर्थ्यवान तो आसानी से इनके उपचार पर अमल कर लेता है। परंतु जो नहीं कर पाता वह मानसिक चिंता से ग्रस्त हो जाता है और ईश्वर के भरोसे छोड़ अपनी शांति ढूंढ़ता है। परंतु यदि हम वास्तविकता की बात करें तो **यह सत्य स्पष्ट है कि वास्तु दोष से व्यक्ति को वास्तुजनित दोषों से गुजरना पड़ता है, वह भी तब जब व्यक्ति अपने बुरे समय से गुजरता है। परंतु प्रारब्ध जनित दोष तो प्रत्येक व्यक्ति को भोगना ही पड़ता है। इसमें किसी प्रकार का संशोधन**

सामान्य प्रक्रिया नहीं है। अतः इन धनलोलुप वास्तुशास्त्रियों द्वारा फैलाई जा रही यह अफवाह कि यदि मकान वास्तु सम्मत हो, तो दुख नहीं होता, यह मात्र अफवाह है। इसमें कोई सच्चाई नहीं है। यदि आप पूर्णतः वास्तुसम्मत मकान में रहते हैं परंतु विपरीत समय से गुजर रहे हैं तो आपको कष्ट उठाना ही पड़ेगा, उसी प्रकार यदि कोई व्यक्ति पूर्णतः वास्तु दोष युक्त मकान में रहता है और बेहतर समय से गुजर रहा हो तो उसे पता भी नहीं चलेगा कि वह वास्तु दोष युक्त मकान में रह रहा है।

आज सर्वाधिक आवश्यकता इस बात की है कि लोगों के बीच हम इस सत्य का प्रसार करें कि वास्तु दोष और प्रारब्धजनित दोष अलग-अलग हैं। वास्तुशास्त्र का अक्षरशः पालन करके, हम अपना प्रारब्ध नहीं बना सकते।

परंतु इस भ्रांति को ये धनलालुप वास्तुशास्त्री समाप्त होने ही नहीं देना चाहते, लोगों को अपने प्रचार व प्रसार से भ्रमित करते जा रहे हैं, इनके भ्रांति फैलाने से ही इनका व्यवसाय चलता है, अपनी इसी योजना की कड़ी में इन्होंने 'फेंग शुई' को जोड़ लिया है। फेंग शुई मूलतः चीन में वातावरण की स्वच्छता को बनाए रखने का विधान है, या संभव है कि वहां के परिवेश के अनुसार लोगों के लिए मकान बनाए जाने की विधा हो जो उनके वहां प्रासंगिक हो, परंतु जब हम भारतीय या विश्व परिदृश्य की बात करते हैं तो यह पूर्णतः असत्य व आधारहीन विज्ञान है। फेंगशुई मूलतः दो वाक्यों से मिलकर बना है। फेंग व शुई। फेंग का अर्थ 'वायु' होता है व शुई का अर्थ 'जल'। अर्थात फेंगशुई का भावार्थ जलवायु होता है, इसका वास्तुशास्त्र से कोई लेना देना नहीं है।

दूसरा सत्य जो आज के वास्तुशास्त्री गर्व से बताते हैं कि फेंगशुई भी भारतीय वास्तुशास्त्र की तरह ही पांच तत्त्वों के संतुलन का सिद्धांत है, मूलतः बकवास है। कारण फेंग शुई में जिन पांचों तत्त्वों को बताया गया है वो क्रमशः काष्ठ, अग्नि, जल, धातु व पृथ्वी है। जबकि भारतीय वास्तुशास्त्र में जिन पंच तत्त्वों का वर्णन किया गया है, वह मूल तत्त्व पृथ्वी, जल, अग्नि, गगन व वायु है। यदि आप दोनों का तुलनात्मक अध्ययन करें तो फेंगशुई में वायु व गगन की जगह काष्ठ व धातु को

लिया गया है, जो कि सरासर गलत व आधारहीन तथ्य है। इसके विस्तार में यदि चलें तो यह तथ्य पूर्णतः वैज्ञानिक व स्वयं सिद्ध है कि प्रत्येक जीवात्मा का उद्‌भव व अंत का मूल पंचतत्त्व है। और इन पंचतत्त्व का न ही विनाश संभव है और न ही रूपातंरण। जबकि फेंगशुई में मूल तत्त्च 'वायु' को लिया ही नहीं जाता और न ही 'गगन' को। क्या कोई बिना वायु व व्योम के जीवन की कल्पना कर सकता है? निश्चय ही इसका सकारात्मक उत्तर कोई नहीं देगा। हमारे भारतीय शास्त्रों में तो प्राणवायु की जीवंतता व नियंत्रण के लिए अनेक मार्ग का सुझाव दिया गया जिसमें मंत्र, योग, प्राणायाम आदि प्रमुख हैं। दूसरा फेंगशुई का निराधार तत्त्व कल्पना काष्ठ है। आप स्वयं सोचें कि काष्ठ मूल तत्त्व कैसे हो सकता है? काष्ठ तो वृक्ष के मृतावस्था का नाम है, जिसका रूपांतरण भी संभव है। वृक्ष स्वयं पृथ्वी, जल, आकाश, अग्नि व वायु से पैदा होता है। यह मूल तत्त्व स्वयं नहीं है तो काष्ठ जो इसकी मृत्ता अवस्था का नाम है मूल तत्त्व कैसे हो सकता है? कदापि नहीं हो सकता। दूसरा तत्त्व जो फेंग शुई में लिया गया है, वह है–"धातु"। धातु भी मूल तत्त्व नही होता। जब फेंग शुई जैसे विधा का मूल आधार ही असत्य है तो यह सफल वास्तुशास्त्र की विधा कैसे हो सकती है।

वास्तुशास्त्र की श्रेणी में इसे खड़ा करना न केवल असत्य व अवैज्ञानिक है वरन मात्र व्यापार के लिए प्रसारित किया जा रहा है। फेंग शुई में वास्तु दोष को समाप्त करने तथा भाग्यवृद्धि के लिए प्रयुक्त किए जा रहे विभिन्न सामान न केवल दिखावा व सजावट के सामान हैं, इनमें पंच महातत्त्वों के संतुलन करने की क्षमता शून्य है। परंतु इसे अति आकर्षक व बाजारू रूप दिए जाने व फेंगशुई के तथाकथित जानकारों द्वारा संतुत किए जाने के कारण आज फेंगशुई के सामानों की बिक्री खूब हो रही है। इससे किसी को लाभ हो या न हो, परंतु इसका व्यापार करने वालों को लाभ अवश्य हो रहा है। ऐसे ही कई बकवासी सामग्री में एक सामग्री है "लाफिंग बुद्ध"। आपको यह बताया जाता है कि लाफिंग बुद्धा घर में रखने से लक्ष्मी आती है, संवृद्धता मिलती है तथा पारिवारिक जीवन खुशहाल रहता है। फेंगशुई के मतानुसार लाफिंग बुद्धा को संपत्ति का देवता कहा जाता है। यह मूर्ति जहां रखी जाती है वह महत्त्वपूर्ण स्थान माना जाता है। यह भिन्न-भिन्न आकार, रंग व प्रकार का बाजार में उपलब्ध है। आप अपनी पसंद के अनुसार बाजार से खरीद

कर घर में लगा सकते हैं। इसे इस प्रकार लगाना चाहिए कि प्रवेश द्वार के सामने लगभग 30" कि ऊंचाई (फर्श तल) पर हो, जिससे आप जैसे ही अपने मकान, दूकान में प्रवेश करें, आप को हंसते हुए बुध का चेहरा दिखाई दे। लाफिंग बुद्धा का हंसता हुआ चेहरा ऊर्जा को अधिक गतिशील व क्रियाशील बनाएगा और आपके घर में संवृद्धता व संपन्नता आएगी। परंतु यह ध्यान रखें कि इसकी पूजा नहीं करनी चाहिए और ये सारी बातें फेंगशुई के विद्वानों की है जो आज लोगों को लाफिंग बुद्धा खरीदने के लिए बताई जाती है।

और हम भारतीय इसे दौड़कर ऐसे पकड़ रहे हैं कि जैसे यदि देर हो गई तो प्रारब्ध से संवृद्धता का सारा फल समाप्त हो जाएगा और सारी आने वाली दौलत हाथ से निकल जाएगी। यहां अति गंभीर प्रश्न यह है कि क्या यह वही बुद्ध हैं जिन्होंने ज्ञान के लिए अपना सर्वस्व त्याग करके, अहिंसा का पाठ पढ़ाने का वीड़ा उठाया। सत्य की खोज में वर्षों भटकते रहे और अंत में इस भारत की पवित्र भूमि पर उन्होंने ज्ञान पाया और संपूर्ण जीवन मानवता के धर्म का प्रसार करने में समर्पित कर दिया। यदि हंसती हुई मूर्ति इनकी है तो ये संवृद्धता के देवता कैसे हो गए? इन्होंने तो अपने उपदेशों में यह कहीं नहीं कहा कि तू मेरी हंसती हुई तश्वीर रखो, मैं तुम्हें लक्ष्मी, धन, वैभव प्रदान करूंगा। यदि ये वह बुद्ध नहीं तो आखिर ये कौन बुद्ध हैं? मान लीजिए कि यह कोई अन्य बुद्ध हैं जो फकीर हुआ करते थे (कुछ वास्तुशास्त्री ऐसा कहते हैं) तो क्या ये फकीर बुद्ध कह गए कि तुम मेरी हंसती हुई मूर्ति रखो तुम्हें संपन्नता मिलेगी। यदि ऐसा है तो हम चीन के उस फकीर को नमस्कार करते हैं, हो सकता हो कि चीनी भाईयों में यह होता हो परंतु हम क्यों उसे प्रयोग में लाएं, यदि इसमें कुछ भी सत्यता हो तो हम मूर्ति के रूप में अन्य संतगण, जैसे–महावीर स्वामी, तुलसी, सूर, कबीर, रामकृष्ण परमहंस, विवेकानंद आदि-आदि का लगाएं तो भी हमें वैभव की प्राप्ति होनी चाहिए। परंतु हम ऐसा नहीं करते क्योंकि इसके पीछे कोई विज्ञापन नहीं है, न ही इनको लगाने से हमें धन मिलेगा क्योंकि इन्हें संपत्ति, लक्ष्मी, वैभव का कारक नहीं माना जाता। हम सब जानते हुए भी इस जाल में क्यों फंसते हैं, यदि इसका कारण ढूंढ़ा जाए तो मात्र दो ही कारण स्पष्ट होता है। पहला–चलो एक बार करके देख लेते हैं, संभव है कि कुछ लाभ हो जाए, दूसरा–अशिक्षा।

परंतु अब सोचने का समय आ गया है, हमें अनुसारण की प्रवृत्ति छोड़नी होगी। हो सकता है कि चीनी भाईयों की लाफिंग बुद्धा के प्रति विशेष आस्था हो, परंतु यह जरूरी नहीं कि वही आस्थ हमारे मन में भी आए। जैसे चीन में उत्तर दिशा खराब मानी जाती है, परंतु हमारे यहां अत्यंत शुभकारी मानी जाती है और विशेष रूप से कुबेर (धन के देवता) का स्थान माना जाता है। उसी प्रकार चीन में ड्रैगन अत्यंत शुभ माना जाता है। लगभग प्रत्येक घरों में ड्रैगन की तश्वीर आपको मिल जाएगी, परंतु इसका यह अभिप्राय तो कदापि नहीं कि हम भी ड्रैगन की तश्वीर अपने घरों में लगाएं। या हम लोग गणेश जी को शुभता का देवता मानते हैं, उन्हें देखते ही जो भाव हमारे अंदर आता है। वह भाव किसी चीनी व्यक्ति के अंदर कैसे आ सकता है? चीनी व्यक्ति गणेश जी की तश्वीर देखकर रोमांचित हो सकता है परंतु हमारे जैसा भाव नहीं आ सकता।

दोनों देशों की संस्कृति, जलवायु और संस्कार सब अलग हैं। हमलोग बिना सोचे, विचारे धन, संवृद्धता, प्रेम, विकास आदि के लुभावने नारे में बंधकर लाफिंग बुद्धा, विभिन्न प्रकार की घंटियां, पाकुआ मिरर, लवबर्ड्स, तीन टांग वाला मेढ़क आदि को दौड़कर खरीद रहे हैं और उससे अपने सुंदर भविष्य की कल्पना कर रहे हैं। क्या लाफिंग बुद्धा के प्रचलन में आने के पहले कोई ऐश्वर्यवान नहीं होता था? या बिना लववर्ड के लगाए पति-पत्नी में प्रेम नहीं होता था?

हम जिस देश में जन्म लिए हैं, वह धर्म व संस्कृति का देवता है। हमने दुनिया को धार्मिक उपदेश दिए, तथा प्रत्येक मुश्किल से बचने का मार्ग बताया है। हमारे यहां इतने देवी और देवताओं का वर्णन है जितना एक व्यक्ति को संभवत: इच्छा नहीं हो सकती। हमारे यहां धन का प्रतीक भगवती 'लक्ष्मी' को माना जाता है, जिनके पूजन की प्रथा है। वर्ष में एक दिन जिसे 'दीपावली' कहा जाता है, इस दिन प्रत्येक देशवासी अपने सुख, संवृद्धता, ऐश्वर्य, बौद्धिक विकास, प्रेम, सफलता आदि की कामना करता है। जहां इतना विस्तृत और संवृद्धशाली हमारी संस्कृति है, इसमें लाफिंग बुद्धा का क्या काम। ये वास्तुशास्त्री लोगों की आस्था को लक्ष्मी जी की जगह लाफिंग बुद्धा की तरफ मोड़ने का बेकार प्रयास कर रहे हैं।

(विस्तृत जानकारी के लिए लेखक की पुस्तक "फेंगशुई का ज़हरवाद" को पढ़ें)

❑❑❑

ज्योतिष शास्त्र में योग का अर्थ उस स्थिति से है, जब जन्मांग के किसी राशि में एक से अधिक ग्रह पाए जाएं। जब राहु व केतु कभी एक साथ हो ही नहीं सकते तो काल (राहु) और सर्प (केतु) का योग कैसे हो सकता है? राहु-केतु छाया ग्रह हैं, अतः छाया ग्रहों के बीच सभी ग्रह कैसे आ सकते हैं? और कैसे ये छाया ग्रह सभी ग्रहों की शुभता समाप्त कर सकते हैं?

जनसामान्य की भ्रांतियों को समाप्त करने हेतु अपने जीवन के अनुसंधानों का संकलन प्रस्तुत किया है। साथ ही पुस्तक में फेंगशुई की आधारहीनता तथा अवैज्ञानिकता के बारे में भी प्रकाशक डाला है।

प्रस्तुत पुस्तक निश्चय ही सामान्य जनमानस को कालसर्प योग की सच्ची जानकारी देते हुए इस भ्रांति से दूर कराएगी।